Architecture Canada 04

Tuns Press
Faculty of Architecture and Planning
Dalhousie University
P.O. Box 1000
Halifax, Nova Scotia
Canada B3J 2X4
tunspress.dal.ca

Architecture Canada 2004

RAIC Co-ordinators: Jon Hobbs, Wendy Zatylny
Text editor: Stephen Parcell
Traductrice: France Jodoin
Design: Bhandari & Plater Inc.
Production: Donald Westin
Printing: Friesens

National Library of Canada Cataloguing Data

Architecture Canada

Biennial.
Published: Halifax, N.S., 1997-
Includes text in French
Continues: Governor General's Awards for Architecture, 1189-6388
ISSN 1209-7136
ISBN 0-929112-51-2 (2004)

1. Governor General's Medals for Architecture.
2. Architecture, Modern – 20th century – Canada.
3. Architecture – Awards – Canada.

NA2345.C3G68   720'.79'71   C97-390075-X

The Royal Architectural Institute of Canada /
L'Institut royal d'architecture du Canada

**McGraw_Hill
CONSTRUCTION**
Dodge
Sweets
Architectural Record
ENR
Regional Publications

Canada Council
for the Arts

Conseil des Arts
du Canada

04

Architecture Canada

Architecture Canada 2004

**The Governor General's Medals
in Architecture**

**Les Médailles du Gouverneur général
en architecture**

Contents /
Table des matières

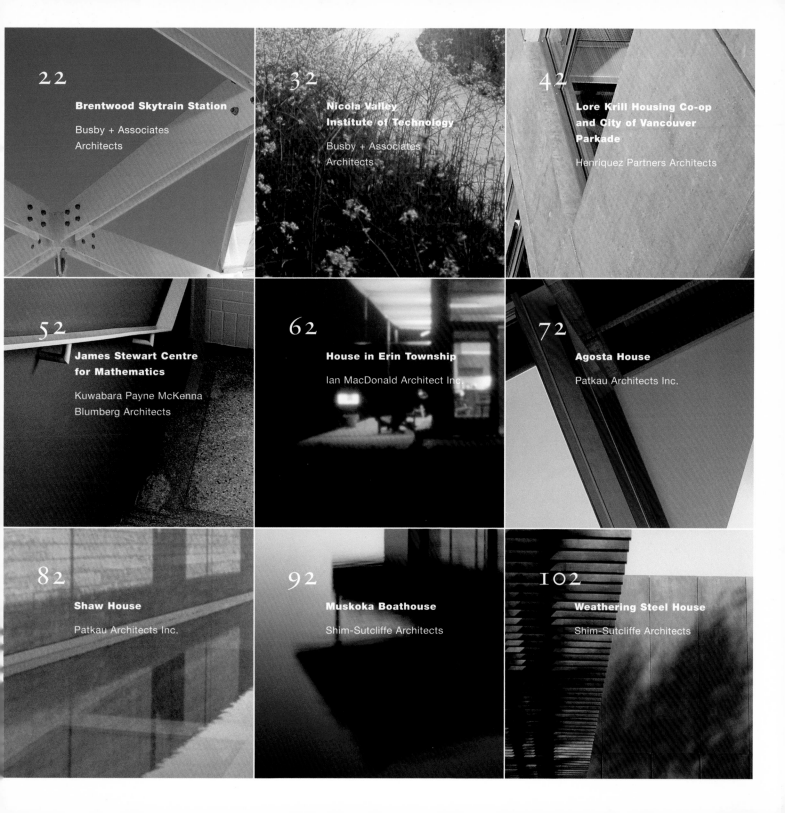

Foreword

Architecture is art produced on the grandest possible canvas. An architect's creations literally transform our landscape, reshaping empty space into buildings that fill particular needs and, in the best examples, inspire us by their presence.

Canada is a unique environment for an architect to work in. For 54 years, the Governor General's Medals in Architecture have celebrated the extraordinary vision shown by Canadian architects and designers in creating a legacy that is as vast and diverse as our country. The designs of the 2004 winners, showcased on the pages of this wonderful book, are worthy additions to an elite list of projects that have pushed the envelope of both style and function in our buildings. The confidence and style with which these winning projects inhabit our environment reflects Canada's growing maturity as a nation.

I congratulate the recipients of the 2004 Governor General's Medals in Architecture for their outstanding achievements. By giving physical form to your architectural vision you have built a legacy that will inspire Canadians for many generations to come.

Adrienne Clarkson
May 2004

Avant-propos

L'architecture, c'est un art que l'on produit sur la plus gigantesque des toiles. Les créations d'un architecte transforment littéralement notre paysage, donnant une forme nouvelle aux espaces vides grâce à des bâtiments qui répondent à des besoins particuliers et, dans les meilleurs des cas, qui nous inspirent par leur présence.

Le Canada est un environnement unique pour le travail de l'architecte. Depuis 54 ans, les Médailles du Gouverneur général en architecture célèbrent la vision extraordinaire dont font preuve les architectes et les designers canadiens qui créent un patrimoine aussi vaste et diversifié que notre pays. Les conceptions architecturales qui ont été réalisées par les lauréats de 2004 et qui illustrent les pages de ce merveilleux livre sont dignes d'être ajoutées à une liste de projets remarquables qui ont repoussé les frontières du connu dans nos constructions, aussi bien pour le style que pour l'aspect pratique. La confiance et le style avec lesquels ces projets gagnants prennent place dans notre environnement reflètent la maturité de plus en plus grande du Canada en tant que nation.

Je félicite les récipiendaires des Médailles du Gouverneur général en architecture de 2004 pour leurs réalisations exceptionnelles. En donnant une forme réelle à votre vision architecturale, vous avez bâti un patrimoine qui inspirera les Canadiens pour des générations à venir.

Adrienne Clarkson
Mai 2004

Preface

The Royal Architectural Institute of Canada is pleased to collaborate with the Canada Council for the Arts in presenting the 2004 Governor General's Medals in Architecture. In addition, the RAIC would like to acknowledge Her Excellency the Right Honourable Adrienne Clarkson, Governor General of Canada, for her support not only of these awards, but of architecture as a whole. The 2004 Governor General's Medals, together with the awards of past and future years, chronicle Canada's architectural heritage – as it is being created.

It is significant that these awards celebrate excellence in completed buildings, for many are the challenges that take a brilliant design through construction and occupancy. Architecture is a most complex undertaking. Like all fine art, it must explore new forms, force a re-evaluation of the norm, and dare to reflect its environment, even if only truly appreciated in retrospect. For architects, who may be expected to provide the familiar and the comfortable with technical and economic ease, this artistic exploration is a daunting, exciting and marvelous adventure.

It is evident, from the jury's selections and comments, that the larger the building the greater the challenge in achieving excellence. Should we blame uncommitted "experts" from afar, unhappy collaborations, unenlightened clients, a preoccupied public, or merely an imperfect definition of "the art of architecture"? Let us debate, for though the public may be a difficult, sometimes contradictory architectural critic, one's peers are even more demanding.

Each of the projects being awarded a medal is an exquisite piece of architecture – and deserving of the honour. Let them inspire us. To the medalists whose achievements we celebrate and to all those who have the courage to strive for architectural excellence, congratulations!

Bonnie Maples, FRAIC
President, Royal Architectural Institute of Canada

Préface

L'Institut royal d'architecture du Canada (IRAC) est heureux de s'associer au Conseil des Arts du Canada pour la présentation des Médailles du Gouverneur général en architecture 2004. L'IRAC aimerait remercier Son Excellence la très honorable Adrienne Clarkson, Gouverneure générale du Canada, pour son soutien envers ces prix et son appui indéfectible envers l'architecture dans son ensemble. Les Médailles du Gouverneur général en architecture 2004, tout comme celles des années antérieures et des années futures, témoignent du patrimoine architectural du Canada, au moment même où il se constitue.

Il est significatif que ces prix célèbrent l'excellence de bâtiments réalisés, car nombreux sont les défis à relever pour traduire un concept remarquable en un projet achevé. L'architecture est une activité des plus complexes. À l'instar de tous les arts, elle doit explorer de nouvelles formes, forcer une ré-évaluation de la norme et oser refléter son environnement, même si elle n'est souvent pleinement appréciée qu'avec un certain recul. Cette exploration artistique s'avère une merveilleuse aventure et un défi stimulant pour les architectes, puisqu'on peut s'attendre à ce qu'ils réalisent facilement, aux plans technique et économique, des environnements familiers et confortables.

Les décisions et les commentaires du jury démontrent clairement que la difficulté d'atteindre l'excellence est proportionnelle à l'envergure d'un bâtiment. Pourquoi en est-il ainsi ? Est-ce le fait du choix d' « experts » venus de loin et non engagés dans le milieu, le fruit de collaborations boiteuses, d'un manque de connaissances des clients, d'un public préoccupé par trop d'autres questions ou tout simplement d'une définition imparfaite de « l'art de l'architecture » ? Entamons une discussion car, même si le public peut s'avérer un critique sévère et parfois même contradictoire, les pairs sont encore plus exigeants.

Tous les projets qui ont gagné une médaille sont remarquables et méritent pleinement l'honneur qui leur est décerné. Laissons-les nous inspirer. Aux lauréats dont nous célébrons les réalisations et à tous ceux qui ont le courage de viser l'excellence en architecture, félicitations !

Bonnie Maples

Bonnie Maples, FRAIC
Président, L'Institut royal d'architecture du Canada

Canada Council **Conseil des Arts**
for the Arts **du Canada**

Message

There is a distinction between architecture and mere building. It lies in the capacity of architecture to express the spiritual and aesthetic sensibilities of a people, and still more, to enhance and shape those sensibilities.

United in their support for the art of architecture, the Royal Architectural Institute of Canada and the Canada Council for the Arts have forged a fruitful partnership that makes possible this important competition. The Canada Council was pleased to administer the jurying of the Governor General's Medals in Architecture and to contribute to the publication that commemorates this event.

Canadian architects have produced outstanding work all over the world. Indeed, a country once defined by its superb natural landscape is increasingly defined by a built environment, both public and private, that adds to the quality of life of all its citizens.

Each of the projects being honoured this year is a significant addition to Canada's heritage. The architects who designed them are to be congratulated, and so too are the clients who gave the architects free rein to design buildings that went far beyond immediate utilitarian and spatial demands.

In addition to its participation in the Governor General's Medals, the Canada Council for the Arts supports architecture through grants and other special awards. It has recently revitalized its architecture programs with a view to making the art of architecture better known and appreciated.

Nalini Stewart

Nalini Stewart
Acting Chair, Canada Council for the Arts

**Canada Council
for the Arts**   **Conseil des Arts
du Canada**

Message

Il existe bel et bien une différence entre architecture et simple construction. Celle-ci réside dans la capacité qu'a l'architecture d'exprimer les sensibilités spirituelles et esthétiques d'un peuple et, plus encore, de vivifier ces sensibilités en leur donnant une forme.

Unis dans leur soutien à l'art architectural, l'Institut royal d'architecture du Canada et le Conseil des Arts du Canada ont établi un partenariat fructueux qui a rendu possible cet important concours. Le Conseil des Arts a eu le plaisir, d'une part, de veiller à la gestion du jury chargé d'octroyer les Médailles du Gouverneur général en architecture et, d'autre part, de contribuer à la publication commémorative de ces distinctions.

Les architectes canadiens produisent un travail exceptionnel dans le monde entier. À preuve, le Canada, pays autrefois défini par son superbe cadre naturel, se caractérise désormais de plus en plus par l'environnement bâti – public ou privé – qui enrichit la qualité de vie de tous ses citoyens.

Chacun des projets honorés cette année apporte une contribution importante au patrimoine canadien. Les félicitations adressées aujourd'hui aux architectes qui ont conçu ces projets rejaillissent sur les clients qui leur ont donné carte blanche pour concevoir des bâtiments allant bien au-delà des besoins utilitaires et spatiaux immédiats.

En plus de participer à l'attribution des Médailles du Gouverneur général, le Conseil des Arts du Canada appuie l'architecture par le biais de subventions et d'autres prix spéciaux. Dans le but de mieux faire connaître et apprécier l'art architectural, le Conseil a récemment revitalisé ses programmes d'architecture.

Nalini Stewart

Nalini Stewart
La présidente par intérim du Conseil des Arts du Canada

Governor General's Medals 2004: An Introduction

The occasion of the biennial Governor General's Medals affords a privileged view of the finest accomplishment in recently built architectural projects across the country. As such, it serves as an indication of broad inclinations within Canadian culture as much as it gives evidence of current preoccupations within the profession of Architecture and the individual accomplishments that reside there. By way of overview and introduction, it may be useful to consider certain general thematic inclinations that were evident throughout the adjudication process, setting as they did the most immediate context in which the assessment took place.

ADAPTATION AND RENEWAL

There were a conspicuous number of submissions engaged in varying degrees of adaptation, renewal and expansion of existing structures, most often in the context of building ensembles or considered within urban settings. Such relatively complex – and sometimes truly complicated – circumstances provide many challenges, not the least of which is the clear articulation of project scope and ambition within the presentation of dossier material itself. The relationship struck between strategic planning concerns and the architectural project per se was typically understated in the project submissions, leaving an unclear sense of the principles guiding the design and at times an uncertain understanding of the project's defining circumstances. This lack of discernible principles in turn often resulted in an ambiguous sense of priority in terms of the new interventions' potential to contribute to the value of existing site conditions.

As a more developed and mature building fabric comes to typify the Canadian condition, the need to discover authentic and relevant measures of context will become mandatory. In the projects submitted for adjudication, considered references to the found condition appeared most often in material use and in the establishment of scale in massing and building articulation. The extent to which this responsiveness offered a sense of critical engagement was often unclear, however, suggesting that the emphasis on material and formal contextualism had occurred independent of more broadly framed considerations. This was particularly evident in projects called upon to respond directly to existing structures of some historical merit, where a tone of amelioration rather than enrichment was too often the result.

THE PUBLIC REALM

This perceived lack of critical clarity might possibly be understood as a consequence of too many ambitions being loaded onto the locality of the architectural scale, presuming that the establishment of a rich public realm could somehow be the direct result of providing for private programmatic needs. Certainly the persisting habit of modernism to privilege the singular expression of immediate functional need plays a part in this discussion: a habit that has demonstrated consistent shortcomings in its ability to contribute to complex urban settlements. Also implicated is the evidently common desire to render a clearly legible identity to each individual contribution within agglomerations of building, a kind of spatial "branding" that might be better suited to the delineation of shopping destinations than the creation of a new urban landscape.

A concern for establishing broad and inclusive conditions of context was given special significance in those projects in which effort was made to discover a legitimate expression of public "common ground." The ambition of public works to stimulate contemporary design practice holds an important tradition in the Canadian experience, and a number of submissions gave evidence of continued commitment in this regard. Issues of project scope and budget arose with respect to many of the public projects submitted, and an overall measure of "sufficiency" appeared necessary in the face of the highly schematic portrayals of civic life.

More generally, it is to the credit of the profession that consistent effort to discover public potentials in local necessity characterized much of the work submitted. The value of engaging existing buildings and urban ensembles with a desire to secure a meaningful public domain will unquestionably persist. As it does so, the need to locate architecture along a continuum of consideration including planning, landscape design and sense of public occasion will, perhaps, be better recognized.

ENVIRONMENTAL MATTERS

It is hardly surprising that the submissions for these awards would include a spectrum of projects in which declared environmental imperatives were directly referenced in the architectural project. The extent to which a renewed interest in architecture's regard for the natural environment has successfully been integrated into contemporary practice is less clear. The countering positions of "ethic" and "aesthetic" were certainly represented among the submissions, yet the question remained to what extent should any of the projects under consideration be disallowed from a meaningful engagement with "green" agendas?

Discussion on this issue was most vivid in the consideration of single-family houses and especially those built as recreational retreats. The issue of where and how environmental concerns find their way into the architectural project is certainly complex, and in many instances appears most profoundly affected by decisions well out of the purview of the building design itself. In this respect the profession continues to play an important advocacy role in highlighting the significance of these pressing concerns, while it seeks to fully digest the array of challenges that responsible practice invites – indeed demands.

HOUSE AS LABORATORY

The continued significance of the individual house as a kind of architectural laboratory was inescapable in viewing the submissions, and the perceived quality of this work markedly evident in the allocation of awards. Whether in the context of sublime rural settings or lodged within established patterns of urban and suburban settlement, the single-family house designs presented evidence of extraordinary accomplishment that speaks directly of the capacity of the profession. In an inversion of concerns expressed with respect to larger public projects, the house designs gave evidence of an ability to maintain clarity of intent without compromising the capacity for complexity and nuance.

Such projects give no uncertain measure of the high degree of client support necessary to encourage excellence to emerge from any given project. At their best the house designs offered compelling visions of design potential that could readily be applied to larger projects. Through the intensity of their resolve they suggest key concerns within the discipline worthy of continuing research and speculative exploration.

Without question the opportunities to take delight in the material culture of architecture were more explicit and substantive in these projects. The erosion of bespoke building and craft in larger works – now a generally accepted condition of our building culture – only serves to illuminate the rich potential of this aspect of architecture, albeit with a somewhat elegiac overtone. What the house projects also offered for scrutiny is another sense of the laboratory in which the relationship between spatial and social practices are hypothesized and tested. The intimacy of this reflexive consideration appears largely excised from public works, where architecture's logics are increasingly tentative and provisional in the face of generalized and ever-changing habits of public life, exacerbated by building budgets that implicitly encourage conservative and status-quo inclinations.

OVERVIEW

Beyond the scope of certain thematic concerns evidenced in the submissions, there remained a sense that the award submissions did not necessarily represent a complete spectrum of contemporary work across Canada. Whether the representation of more modest private houses, design work within the realm of commercial practice, projects in the emerging discipline of landscape urbanism, or within the realm of market housing – a critical component of architectural practice in virtually every urban setting – the unevenness of the submissions as a litmus test of contemporary practice was certainly evident. The excellence observed in the submissions reviewed is not at issue here – as the award winning projects make very clear – yet the extraordinary cultural significance of the Medals can only be amplified in future by extending their constituency as broadly as possible.

Overall there was much evidence presented of dedicated accomplishment in contemporary architectural practice, and at least some sense of consensus about critical challenges for the future. The capacity for architecture to engage with and contribute to a sophisticated urban condition appears as a clear mandate, responding directly to the growing maturity and urbanity of settlement patterns within the nation. To strive for this engagement without sacrificing a measured sense of material purpose, while seeking new opportunities in the quest for environmental responsibility and while continuing to explore the contours of a rich public landscape: these represent at least a point of departure for further endeavours that is implicit in the content of the Medals submissions.

The extent to which any individual award winner represents design "research and development" for the architectural profession at large may remain a subject of discussion: the extent to which they demonstrate architecture's continuing ability to delight and inspire is, however, clear. Once again the work collectively establishes a finely calibrated measure of achievement and important historical record.

Finally, the immense work represented by the Medals submissions must be acknowledged alongside the invaluable sponsorship of this programme by the Canada Council for the Arts in partnership with the Royal Architectural Institute of Canada.

Médailles du Gouverneur général 2004 : Une introduction

L'attribution des médailles du Gouverneur général en architecture à tous les deux ans fournit l'occasion de poser un regard privilégié sur les projets qui se démarquent parmi les réalisations récentes à la grandeur du pays. Cet exercice révèle les tendances générales qui se dessinent au sein de la culture canadienne tout autant que les préoccupations actuelles des architectes et leurs réalisations qui les expriment. À titre d'introduction, il m'apparaît important de présenter un aperçu de certaines tendances thématiques qui se sont dégagées au cours du processus de sélection, puisqu'elles ont déterminé le contexte immédiat dans lequel s'est déroulée l'évaluation des candidatures.

ADAPTATION ET RÉNOVATION

De nombreux projets soumis portaient à divers degrés sur des travaux d'adaptation, de rénovation et d'agrandissement de bâtiments existants généralement intégrés à des ensembles de bâtiments ou insérés en milieux urbains. De telles circonstances relativement complexes – et parfois même tout à fait compliquées – ont posé de multiples défis, parmi lesquels la présentation claire de l'envergure et de la visée du projet dans le dossier de candidature n'était pas le moindre. Les projets soumis ne mettaient généralement pas l'accent sur la relation établie entre les considérations de planification stratégique et le projet architectural en tant que tel, de sorte qu'il n'était pas facile de comprendre les principes ayant guidé la conception ni parfois même les circonstances dans lesquelles s'inscrivait un projet. Cette lacune s'est souvent traduite par une difficulté à établir les priorités quant au potentiel des nouvelles interventions de contribuer à la mise en valeur des sites.

Puisqu'un milieu bâti de plus en plus évolué devient la norme représentative de la réalité canadienne, il faudra trouver des moyens authentiques et pertinents de tenir compte du contexte dans lequel ils s'inscrivent. Dans les projets soumis, les références aux conditions existantes se traduisaient le plus souvent par le choix des matériaux et par l'établissement de l'échelle dans la volumétrie et l'articulation du bâtiment. Il n'était pas évident que les solutions apportées témoignaient d'un engagement critique, ce qui laissait supposer que l'importance accordée au contextualisme matériel et formel n'était pas le fruit d'une réflexion approfondie. Cela est apparu de manière plus évidente dans les projets intégrés à des bâtiments existants ayant une certaine valeur historique, où le résultat final s'apparentait davantage à une amélioration qu'à un enrichissement.

LE DOMAINE PUBLIC

On pourrait croire que ce manque apparent de clarté critique découle du fait que l'on fonde trop d'espoir sur les conséquences du geste à l'échelle architecturale, en présumant que la réponse à des besoins programmatiques privés mènera en quelque sorte à la création d'un riche domaine public. L'habitude ancrée du modernisme de privilégier l'expression singulière du besoin fonctionnel immédiat joue certainement un rôle dans cette discussion : les lacunes de cette approche quant à sa capacité d'enrichir les agglomérations urbaines complexes ont été régulièrement démontrées. Un autre facteur est le désir évident de donner une identité très lisible à chaque intervention qui s'inscrit dans un ensemble de bâtiments, une sorte de « marquage » spatial qui conviendrait mieux à la délimitation d'espaces de magasinage qu'à la création d'un nouveau paysage urbain.

Certains projets démontrent qu'un effort particulier a été apporté pour exprimer de manière valable un « consensus » public et on remarque qu'une importance spéciale a alors été accordée à l'établissement de conditions contextuelles riches et largement définies. Les projets publics au Canada ont toujours visé à stimuler le design contemporain et de nombreuses candidatures ont démontré que la tradition se poursuit. Nombre des projets soumis présentaient des problèmes liés à la portée des travaux et aux budgets, et une certaine notion de « suffisance » a semblé nécessaire en présence des représentations très schématisées de la vie urbaine.

De manière plus générale, il faut convenir que la majorité des projets soumis témoignent du mérite et des efforts continus de la profession pour découvrir dans des besoins locaux les opportunités de création d'espaces publics. On continuera certainement à reconnaître la valeur d'établir des liens avec les bâtiments et les ensembles urbains existants en vue d'enrichir le domaine public. La nécessité de situer l'architecture parmi un continuum de considérations telles que l'urbanisme, l'architecture du paysage et le sens de l'occasion publique sera peut-être ainsi mieux reconnue.

QUESTIONS ENVIRONNEMENTALES

Il n'est guère étonnant de constater que de nombreux projets soumis reflétaient clairement des préoccupations environnementales. Il est toutefois moins facile de déterminer si l'intérêt renouvelé de la profession pour l'environnement naturel a su être intégré avec succès dans la pratique contemporaine. Les projets soumis ont représenté l'opposition entre les notions « d'éthique » et « d'esthétique ». On est cependant en droit de se demander jusqu'à quel point tout projet à l'étude ne devrait manifester un engagement significatif envers les enjeux « verts ».

Les discussions qui ont porté sur ces questions ont été animées, notamment dans les cas de projets de résidences individuelles et particulièrement de résidences secondaires. La question de savoir où et comment les préoccupations environnementales se traduisent dans le projet architectural est certainement complexe, et à plusieurs égards, des décisions bien extérieures à la conception du bâtiment lui-même semblent avoir plus d'impacts sur l'environnement. La profession continue de jouer un rôle de sensibilisation et d'éducation important en ce domaine, en faisant valoir la portée de ces questions pressantes, alors qu'elle cherche à bien assimiler tous les défis que recherche – qu'exige en fait – une pratique responsable.

LA MAISON COMME LABORATOIRE

En examinant les candidatures soumises, il était impossible de ne pas réaliser à quel point la résidence individuelle continue d'être un genre de laboratoire architectural. La qualité des projets soumis dans cette catégorie se reflète dans l'attribution des prix. Que les maisons soient érigées sur de merveilleux sites ruraux ou s'insèrent dans des ensembles urbains ou banlieusards établis, elles s'avèrent d'extraordinaires réussites et illustrent parfaitement les talents de la profession. À l'inverse des préoccupations exprimées sur les projets publics, les projets résidentiels ont démontré une habileté à maintenir une clarté d'intention sans compromettre la capacité de résoudre des questions complexes et d'apporter des nuances.

De tels projets démontrent hors de tout doute à quel point le soutien du client favorise l'émergence de l'excellence dans quelque projet que ce soit. Les concepteurs de ces résidences ont offert des visions remarquables du potentiel du design dont il faudrait tirer parti dans des projets de plus grande envergure. Ces projets de résidences, par le biais de l'intense détermination dont ils font foi, identifient des questions essentielles pour l'architecture, qui méritent de faire l'objet de recherches soutenues et d'exploration spéculative.

Ces projets ont indiscutablement manifesté de façon plus explicite et substantielle des occasions de prendre plaisir à la culture matérielle de l'architecture. La disparition graduelle de la construction sur mesure et du travail de l'artisan dans les projets plus importants – condition de notre culture du bâtiment généralement acceptée – ne sert qu'à mettre en valeur les riches possibilités de cet aspect de l'architecture, encore que ce soit avec une consonance quelque peu élégiaque. Ces projets suggèrent également comme sujet d'examen approfondi une autre perception du laboratoire dans lequel la relation entre les pratiques spatiales et sociales est soumise à diverses hypothèses et fait l'objet de divers tests. Le caractère intime de cette étude introspective semble généralement évacué des projets publics, où la logique de l'architecture est de plus en plus approximative et provisoire devant les habitudes généralisées et toujours changeantes de la vie publique, tendance exacerbée par les budgets de construction qui incitent implicitement au conservatisme et au statu quo.

VUE D'ENSEMBLE

Au-delà de la portée de certaines préoccupations thématiques mises en évidence dans les projets soumis, le sentiment que ces derniers ne représentaient pas nécessairement un éventail complet de l'architecture contemporaine du pays subsiste. Qu'il s'agisse de résidences privées plus modestes, de projets commerciaux, de projets liés à la discipline émergente de l'urbanisme du paysage, ou de projets résidentiels spéculatifs – une part importante de la pratique architecturale dans presque tous les milieux urbains – le caractère inégal des projets soumis comme baromètre de la pratique contemporaine était certainement évident. L'excellence observée dans ces projets n'est pas remise en question ici – comme le démontrent clairement les projets lauréats – mais l'importance culturelle extraordinaire des Médailles ne peut que s'accroître à l'avenir si on en élargit la clientèle.

Dans l'ensemble, il est clair que la pratique contemporaine de l'architecture manifeste beaucoup de talent, et à tout le moins un certain consensus sur les défis cruciaux pour l'avenir. L'architecture est en mesure de prendre sa place dans un environnement urbain évolué et d'y apporter sa contribution. C'est pour la profession un mandat clair, qui répond directement à la maturation et à l'urbanité des modèles d'établissement au sein du pays. Tendre vers un tel engagement sans sacrifier un certain sens d'objectif matériel, tout en cherchant de nouvelles occasions de faire montre de responsabilité environnementale et tout en continuant à explorer les contours d'un riche paysage urbain : il s'agit à tout le moins d'un point de départ pour les efforts supplémentaires, qui se dégage implicitement du contenu des projets soumis au programme des Médailles.

Jusqu'à quel point un projet lauréat particulier témoigne-t-il de l'effort de la profession en matière de « recherche et développement » ? On peut continuer d'en débattre. Il est toutefois évident que le pouvoir continu de l'architecture de séduire et d'inspirer demeure très fort. Une fois de plus, les projets établissent collectivement une mesure finement calibrée des réalisations et forment un important dossier historique.

Finalement, il importe de reconnaître l'immense travail dont les projets soumis au programme des Médailles ont fait l'objet et de souligner l'apport inestimable du Conseil des Arts du Canada qui parraine l'événement en partenariat avec l'Institut royal d'architecture du Canada.

Medals / Médailles

BUSBY + ASSOCIATES ARCHITECTS

Brentwood Skytrain Station

Building / Bâtiment **Brentwood Skytrain Station / Gare d'aérotrain Brentwood**
Architect / Architecte **Busby + Associates Architects**
Building location / Emplacement **4533 Lougheed Highway, Burnaby, British Columbia / 4533 autoroute Lougheed, Burnaby, Colombie-Britannique**
Client **Rapid Transit Project Office**
Architect team / Équipe d'architectes **P. Busby, M. Nielsen, B. Billingsley, M. Bonaventura, S. Edwards, T. Mullock, R. Peck, A. Slawinski**
Structural / Structure **Fast + Epp Structural Engineers**
Mechanical / Mécanique **Klohn Crippen**
Electrical / Électricité **Agra Simons, Robert Freundlich and Associates**
Landscape architect / Architecte du paysage **Durante Kreuk**
Public artist / Artiste **Jill Anholt**
Contractor / Entrepreneur **Dominion Construction**
Budget **$8.1 million / 8,1 M$**
Photography / Photographie **Nic Lehoux**

PROJECT DESCRIPTION

This skytrain station occupies a flagship location on the new Millennium Line extension in Burnaby, a suburb of Vancouver. It is set nine metres above the median of Lougheed Highway, straddling a pedestrian bridge. The station is intended as a catalyst for development of the future Brentwood Town Centre.

The station encourages use of the transit system through attention to accessibility, safety, comfort, and appearance – priorities that were established during an extensive public consultation process. The design includes open spaces with clear visibility and generous canopies for protection from wind and rain. With the extensive use of glass, the station is transparent during the day and glows at night. The functional template for the station was based on train size and passenger volume. The design also incorporated standard infrastructure components such as lighting, signage, escalators, and elevators. A desire for civic presence led to the use of a heavy timber structure. As a North American precedent for this type of building, it required a demonstration of code equivalence to non-combustible alternatives.

The double-curved shell of each platform canopy is supported by a series of composite ribs set five metres apart. The tapering profile of the roof in both plan and section was achieved by cutting the ribs incrementally to nine different lengths. The upper (roof) portion is glue-laminated timber. Steel is used for the lower (wall) portion of the ribs, where wood could not function adequately. The two canopies are connected by a structural gutter, steel cross-bracing, and V-shaped steel struts that create a system of moment frames and transfer lateral loads across the central space. The exterior walls consist of overlapping glass panels that provide protection from the weather, natural ventilation and lighting, good visibility, and a safe environment for skytrain patrons.

Steel is used in exposed locations and wood is used where it can be protected from hazards such as water, fire, and vandalism. For the structural ribs, glu-lam was chosen for its strength, predictable performance, and economical use of wood fibre. In contrast, the roof

Green Strategies / Stratégies vertes

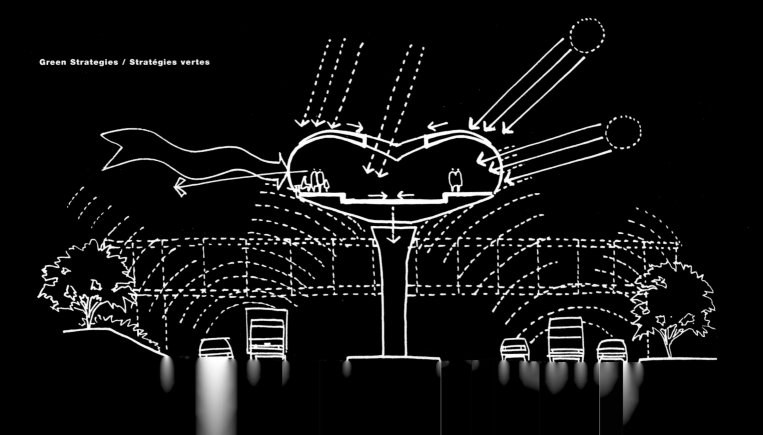

decking is low-tech: 38mm x 89mm softwood, reclaimed or locally sourced, laid side by side on edge – a system that is sufficiently flexible to follow the double curve. The platforms, mezzanine land-bridge, and supporting structure were all cast on site using 50% fly ash concrete. Although the extended curing time required an additional set of forms to maintain the desired construction schedule, the environmental benefits justified the small cost premium.

A 3-D computer model was used in design, shop drawings, and layout to compare alternatives and identify economic solutions. It showed that all of the ribs could have the same lower curvature and be made with the same jig. It also showed that a standard glazing system with swiveling clips and flat panels could be used for 100% of the curved surface.

Transit infrastructure projects are central to the environmental agenda. They are intended to reduce carbon emissions from automobiles and to reduce urban sprawl by encouraging densification. This project complements these long-term environmental goals by using building materials and components with lower embodied energy.

JURY COMMENTS

This building dances between the lightness of movement and the solidity of a structurally anchored diaphragm. The curved sectional extrusion expresses a tectonic elegance in which steel and wood are exploited for their intrinsic strengths, while gravity, wind and seismic loadings are registered in the details. The project also portrays the teamwork that is required to marry architectural form, engineering and green building principles.

Daniel Pearl

This project tempers a fundamentally technological vision of architecture with regional materials and a craft sensibility. The elegant sculptural form of the station is realized with careful detailing, thereby setting a high standard for Canadian public infrastructure projects.

Stephen Teeple, FRAIC

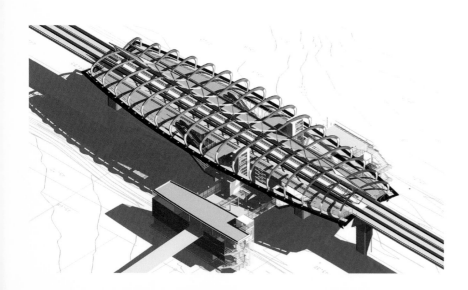

DESCRIPTION DU PROJET

Cette gare de l'aérotrain occupe un emplacement névralgique sur la nouvelle ligne du Millénaire à Burnaby, une banlieue de Vancouver. Située à neuf mètres au-dessus de la bande médiane de l'autoroute Lougheed, elle chevauche un pont piétonnier. On espère qu'elle servira de catalyseur au développement du futur centre-ville de Brentwood.

L'attention portée aux priorités établies lors d'une vaste consultation publique, à savoir l'accessibilité, la sécurité, le confort et l'apparence, incite la population à recourir davantage au transport en commun. Le concept comprend des espaces ouverts offrant une bonne visibilité et de grands toits qui protègent les quais de la pluie et du vent. Avec son vitrage abondant, la station est transparente de jour et brille dans la nuit. Le programme fonctionnel de la gare est axé sur la taille des trains et le volume de passagers. Le concept prévoit également certains éléments d'infrastructure, tels que l'éclairage, la signalisation, les escaliers roulants et les ascenseurs. La volonté d'assurer une présence communautaire tangible s'est traduite par l'utilisation d'une structure en bois massif, un précédent pour ce type de bâtiment en Amérique du Nord. Il a d'ailleurs fallu démontrer que ce matériau pouvait être considéré comme équivalent à des matériaux non inflammables en ce qui concerne les exigences du Code du bâtiment.

La coquille à double courbure des toits des quais est soutenue par une série de poutres composites cintrées formant des nervures distantes de cinq mètres. Les poutres ont été coupées en neuf longueurs différentes pour permettre de créer le profil caractéristique du toit, effilé tant en plan qu'en coupe. La partie supérieure de ces poutres (au toit) est composée de bois lamellé-collé. Leur partie inférieure (au niveau des murs) est en acier. Les deux toits sont liés par une gouttière structurale, un contreventement croisé en acier, et des jambes de force en V qui forment un système de cadres rigides et transfèrent les charges latérales à travers l'espace central. Les murs extérieurs sont composés de panneaux de verre qui se chevauchent et qui protègent des intempéries et assurent une ventilation et un éclairage naturels, une bonne visibilité et un environnement sécuritaire pour les usagers de l'aérotrain.

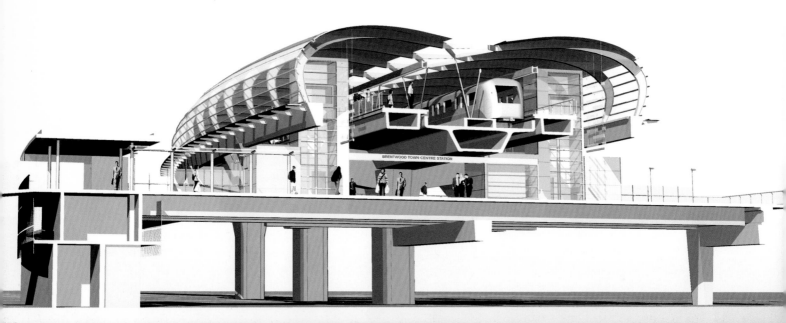

Les concepteurs ont utilisé l'acier dans les endroits exposés et le bois là où il pouvait être protégé contre l'eau, le feu et le vandalisme. Ils ont choisi le laminé-collé pour les poutres structurales en raison de sa force, son rendement prévisible et son utilisation économique de la fibre de bois. Par contraste, la technique utilisée pour le pontage des toitures est très simple : des pièces de bois tendre de 38 mm x 89 mm, provenant de la région ou récupérées, sont accolées l'une à l'autre – un système suffisamment flexible pour épouser la double courbe. Les quais, le pont de la mezzanine et la structure de support ont tous été coulés sur place avec du béton contenant 50 % de cendres volantes. Même si le temps supplémentaire requis pour la cure d'un tel béton a nécessité l'ajout de coffrages additionnels pour pouvoir respecter l'échéancier de construction prévu, les avantages qu'on en tire sur le plan environnemental justifient la légère augmentation de coût.

L'équipe de conception a eu recours à la modélisation en 3-D, ce qui lui a permis de comparer diverses solutions et de retenir des solutions économiques. Cette modélisation a notamment démontré que toutes les poutres cintrées pouvaient avoir la même courbure dans leur partie inférieure et donc être fabriquées avec le même gabarit, et qu'il était possible d'utiliser sur 100 % de la surface courbée un système de vitrage standard avec des agrafes pivotantes et des panneaux plats.

Les projets d'infrastructure dans le transport en commun sont d'une importance capitale vis à vis du plan d'action pour l'environnement. Ces projets visent à réduire les émissions de carbone générées par les automobiles et à réduire l'étalement urbain en favorisant la densification. Cette gare s'inscrit dans la foulée des objectifs environnementaux à long terme et utilise des matériaux et des composantes à faible énergie intrinsèque.

COMMENTAIRE DU JURY

Ce bâtiment évolue entre la légèreté du mouvement et la solidité d'un diaphragme structurellement ancré. La courbure des toits exprime une élégance tectonique dans laquelle l'acier et le bois sont exploités pour leurs forces intrinsèques, alors que la gravité, le vent et les charges sismiques sont exprimés dans les détails. Par ailleurs, le projet illustre bien le travail d'équipe requis pour marier la forme architecturale, le génie et les principes de construction durable.

Daniel Pearl

Ce projet tempère une vision fondamentalement technologique de l'architecture par l'utilisation de matériaux régionaux et par une sensibilité artisanale. Une grande attention a été portée à tous les détails de cette station à l'élégance sculpturale, haussant ainsi la norme pour les projets d'infrastructures publiques au Canada.

Stephen Teeple, FRAIC

Platform Level Plan / Plan, niveau du quai

1 Platform / Quai
2 Designated Waiting Area / Aires d'attente
   désignées
3 Emergency Stairs / Escaliers de secours
4 Stairs/Escalator / Escaliers / escalier roulant
5 Maintenance Walkway / Passerelle d'entretien
6 Guideway / Voie de guidage
7 Open to Below (Public Art Area) /
   Vue en plongée (aire d'art public)

Mezzanine Level Plan / Plan de la mezzanine

1 Public Walkway / Passerelle publique
2 Fare Paid Zone / Zone réservée aux
   détenteurs de billets
3 Emergency Stairs / Escaliers de secours
4 Stairs/Escalator / Escaliers / escalier roulant
5 Stairs To Street / Escaliers menant à la rue
6 Manager's Office / Bureau du directeur
7 Janitor / Local d'entretien
8 Elevator Machine / Machinerie d'ascenseur
9 Retail Space / Espace pour la vente au détail
10 Public Washroom / Toilettes publiques
11 Future Link to Bus Loop / Futur lien vers la
   boucle d'autobus

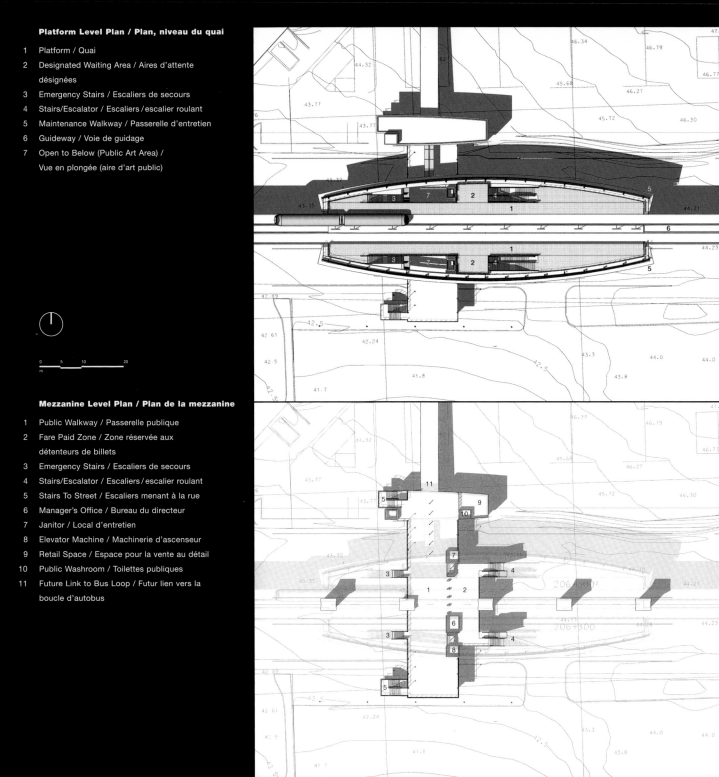

BUSBY + ASSOCIATES ARCHITECTS

Nicola Valley
Institute of Technology

Building / Bâtiment **Nicola Valley Institute of Technology (shared campus with University College of the Cariboo) / Institut de technologie de la vallée Nicola (campus partagé avec le Collège universitaire de Cariboo)**

Architect / Architecte **Busby + Associates Architects**

Building location / Emplacement **4155 Belshaw Street, Merritt, British Columbia / 4155, rue Belshaw, Merritt, Colombie-Britannique**

Client **Nicola Valley Institute of Technology, University College of the Cariboo / Institut de technologie de la vallée Nicola et Collège universitaire de Cariboo**

Architect team / Équipe d'architectes **P. Busby, V. Gillies, S. Gushe, R. Maas, A. Waugh, B. Wakelin, N. Webster, T. Winkler**

Structural / Structure **Equilibrium Consulting Inc.**

Mechanical / Mécanique **Keen Engineering**

Electrical / Électricité **Earth Tech Canada**

Civil and landscape / Civil et aménagement du paysage **True Engineering**

Code **Pioneer Consultants**

Contractor / Entrepreneur **Swagger Construction**

Budget **$7.6 million / 7,6 M$**

Photography / Photographie **Nic Lehoux**

PROJECT DESCRIPTION

This new post-secondary institute is located on a forested, south-facing slope on the outskirts of Merritt, in the interior of British Columbia. It is shared by the Nicola Valley Institute of Technology and the University College of the Cariboo. It is the first phase of a 43-acre academic campus.

For centuries, this area was occupied by aboriginal people from five local bands. The design team, including a native project architect, consulted extensively with aboriginal elders to address the needs of a modern academic institution while acknowledging the significant features of the site and the heritage and culture of the native students. Consequently, the building is oriented to the cardinal directions, with the main entrance facing east and the morning sun. The curvilinear site plan is organized around a central ceremonial arbour that will be part of a later phase that completes the circle. The building is embedded into the ground at its north end and emerges to become a three-storey structure at its south end.

The institute accommodates 300 students and includes classrooms, faculty offices, social spaces, laboratories, bookstore, cafeteria, and a library. It is organized in a non-hierarchical way along an interior street, with faculty offices adjacent to classrooms. A two-storey atrium at the entrance rises up to a glazed roof lantern with operable windows for natural ventilation. A fireplace below marks the centre of the building and is the focus of the student lounge.

The Nicola Valley experiences hot, dry summers and moderately cold winters. The institute has been designed as a cold climate green building, using environmental principles drawn from two earlier forms of shelter in this area: the tepee, a simple and efficient ventilation structure that promoted cooling by convection in the summer months; and the pit house, a south-facing earth-sheltered structure that minimized heat loss in the winter months. Traces of several pit houses still exist on the NVIT site. Building on these principles, sophisticated energy modeling techniques were used to design a fully integrated environmental system with advanced control systems to optimize performance. Environmental considerations influenced the site design, construction process, selection of materials, and the selection of systems for water and energy conservation.

Natural Ventilation / Ventilation naturelle

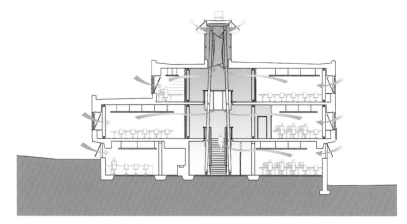

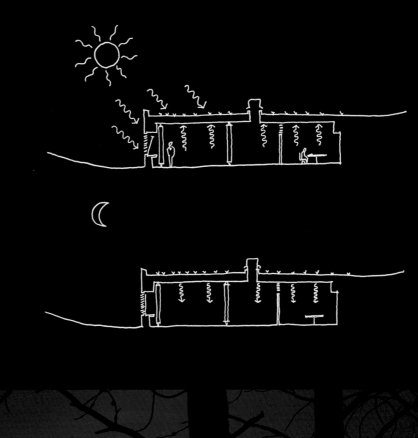

The structure and materials in the building are simple and efficient. Wood is used sparingly to emphasize its structural and visual qualities, and it has been integrated with concrete in an innovative way. 256 Douglas fir glue-laminated columns support the flat concrete floor slabs, using cast steel capitals and bases to transfer the loads. The columns were installed after the slabs were cured and stripped. The main body of the building is wrapped in a faceted modular wood frame rainscreen wall, clad horizontally with Alaskan yellow cedar that is durable and has a natural preservative. The exterior wall has tilt-and-turn windows, shaded by adjustable wooden louvres in four different patterns that are angled according to solar orientation. To slow the rainfall runoff, a portion of the roof is covered with earth and planted with kinickinnic, an indigenous shrub that will not need irrigation after its second season. Left untreated, the walls of the building will age to a silver grey and blend with the landscape and vegetation.

JURY COMMENTS

The architecture successfully contributes to the collective order of the institute by defining the central gathering space at the scale of the landscape. The circular geometry is gently handled to reduce its controlling properties while retaining its enclosing properties. The building offers a range of meeting places, distributed to reduce unwanted social and institutional hierarchy.

Brit Andresen

This project pays homage to the cultural roots and philosophical principles of the First Nations community without resorting to iconographic quotations. It seeks sustainability with an imaginative palette of high- and low-tech green motifs. In its technology and composition, this "modern vernacular" expresses modesty and confidence as it incorporates local materials and responds to its local micro-climate.

Daniel Pearl

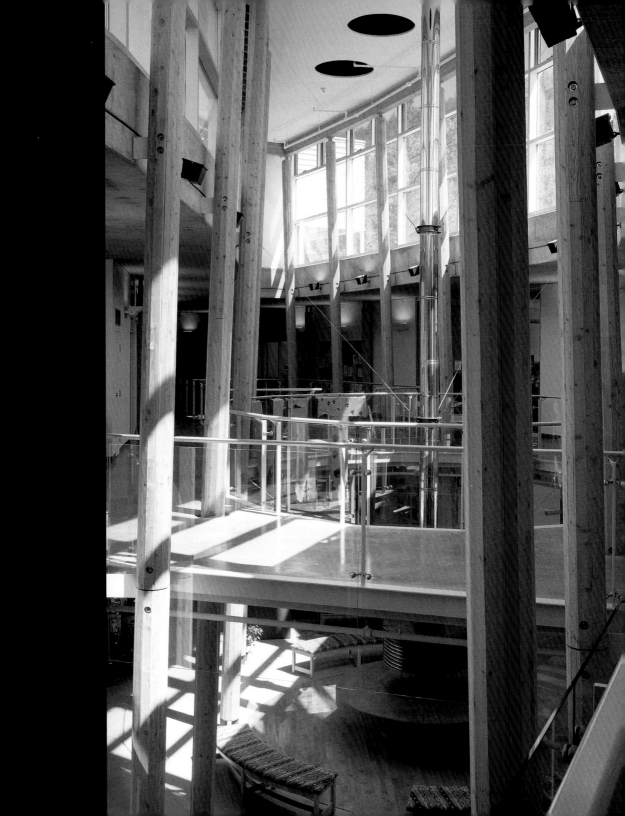

Legend / Légende

1   Entry Plaza / Esplanade

2   Ventilation Atrium / Atrium permettant la ventilation

3   Planted Roof / Toiture recouverte de plantations

4   Future Ceremonial Arbour / Future tonnelle rituelle

5   Loading Dock / Quai de chargement

6   Drop-off / Aire de débarquement

7   Parking / Stationnement

8   Preserved Forest / Forêt préservée

9   Future Access Road / Future voie d'accè

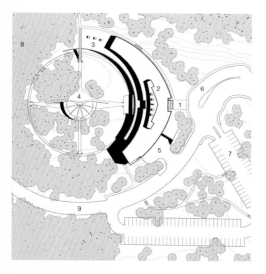

DESCRIPTION DU PROJET

Ce nouvel établissement d'enseignement post-secondaire est situé sur une pente boisée exposée au sud, en périphérie de Merritt, une ville de l'intérieur de la Colombie-Britannique. Il abrite l'Institut de technologie de la vallée Nicola, et le collège universitaire de Cariboo. Il constitue la première phase de la construction d'un campus universitaire de 43 acres.

Pendant des siècles, des Autochtones de cinq bandes locales ont habité la région. L'équipe de conception, qui comprenait un architecte autochtone, a consulté longuement les aînés et a voulu répondre aux besoins d'un établissement d'enseignement moderne tout en tenant compte des caractéristiques significatives de l'emplacement et du patrimoine et de la culture des étudiants autochtones. C'est pourquoi le bâtiment est orienté vers les points cardinaux et son entrée principale fait face à l'est et au soleil levant. Le plan d'ensemble curviligne s'articule autour d'une tonnelle rituelle appelée à être le point central d'un cercle qui sera complété au cours d'une phase ultérieure. Le bâtiment est enfoui à son extrémité nord et compte trois étages à son extrémité sud.

L'Institut accueille 300 étudiants et comprend des salles de classe, des bureaux, des espaces pour les activités sociales, des laboratoires, une librairie, une cafétéria et une bibliothèque. Les locaux ne sont pas hiérarchisés et s'ordonnent le long d'une rue intérieure où les bureaux du personnel enseignant sont adjacents aux salles de classe. À l'entrée, un atrium s'élève sur deux étages vers un lanterneau muni de fenêtres ouvrables permettant d'assurer une ventilation naturelle. Un foyer y marque le centre du bâtiment et est l'élément principal du salon étudiant.

La vallée Nicola connaît des étés chauds et secs et des hivers modérément froids. L'Institut a été conçu en tant que bâtiment durable dans un climat froid. Ses concepteurs ont tiré parti des principes environnementaux de deux formes d'abris traditionnellement construits dans cette région, à savoir : le tipi, une structure simple qui assure une ventilation efficace et favorise le refroidissement par convection pendant les mois d'été; et la maison semi-souterraine, une structure enfouie exposée au sud qui réduit au minimum la perte de chaleur au cours des mois d'hiver. Il existe d'ailleurs encore des vestiges de plusieurs maisons enfouies sur le terrain de l'Institut. Les auteurs du projet ont eu recours à des techniques de modélisation énergétique de pointe pour concevoir un système de contrôle de l'environnement complètement intégré utilisant des systèmes de régulation élaborés pour optimiser le rendement énergétique. La conception du plan d'ensemble, le processus de construction, le choix des matériaux et le choix des systèmes de conservation de l'eau et de l'énergie ont été guidés par des considérations environnementales.

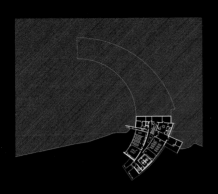

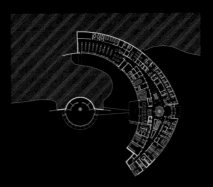

Basement Floor / Sous-sol

Main Floor / Rez-de-chaussée

Second Floor / Deuxième étage

La structure et les matériaux utilisés dans le bâtiment sont simples et efficaces. Le bois est utilisé de façon restreinte pour faire ressortir ses qualités structurales et visuelles, et a été intégré au béton de manière innovatrice. Deux cent cinquante-six colonnes en lamellé-collé de sapin de Douglas soutiennent les dalles de plancher en béton, des chapiteaux et des bases en acier moulé assurant le transfert des charges. Les colonnes ont été installées une fois la cure des dalles et leur décoffrage terminés. Le corps principal du bâtiment est enveloppé d'un mur à écran pare-pluie à ossature de bois en panneaux modulaires, revêtu de planches horizontales de cèdre jaune de l'Alaska, un bois durable qui possède naturellement son propre agent de conservation. Les fenêtres oscillo-battantes du mur extérieur sont munies de persiennes en bois ajustables de quatre motifs différents, qui peuvent être inclinées selon l'orientation solaire. Pour ralentir le ruissellement pluvial, une partie de la toiture est recouverte de terre où pousse le kinickinnic, un arbuste indigène qui n'a pas besoin d'être irrigué après sa deuxième saison. Les murs du bâtiment n'ont pas été traités et prendront en vieillissant une couleur gris argenté qui se fondra dans le paysage et la végétation.

COMMENTAIRE DU JURY

L'architecture de ce projet contribue à assurer le caractère collectif de l'Institut en définissant l'espace de rassemblement central à l'échelle du paysage. La géométrie circulaire est traitée avec délicatesse pour réduire ses propriétés dominantes tout en retenant ses qualités enveloppantes. Le bâtiment offre divers lieux de rencontres, répartis de manière à éviter toute hiérarchie sociale et institutionnelle non désirée.

Brit Andresen

Ce projet rend hommage aux racines culturelles et aux principes philosophiques des communautés des Premières nations sans recourir au pastiche. Il vise la durabilité en utilisant un éventail ingénieux de concepts « verts » faisant appel tant à la technologie de pointe qu'à des procédés de construction très simples. Dans sa technologie et sa composition, cette construction « vernaculaire moderne » exprime la simplicité et l'assurance, car elle a su intégrer des matériaux locaux et tenir compte de son micro-climat.

Daniel Pearl

HENRIQUEZ PARTNERS ARCHITECTS

Lore Krill Housing Co-op
and City of Vancouver Parkade

Building / Bâtiment **Lore Krill Housing Co-op and City of Vancouver Parkade /**
Coopérative d'habitation Lore Krill et stationnement de la ville de Vancouver
Architect / Architecte **Henriquez Partners Architects**
Building location / Emplacement **65 West Cordova Street, Vancouver, British Columbia /**
65, rue Cordova Ouest, Vancouver, Colombie-Britannique
Client **Lore Krill Housing Co-op / Coopérative d'habitation Lore Krill**
Architect team / Équipe d'architectes **Gregory Henriquez (lead designer / principal concepteur),**
Shawn Strasman, Jaime Dejo, Fred Markowsky, John Maki, Frank Stebner,
Jason Martin, Ellen Scobie
Structural / Structure **Glotman Simpson Structural Engineers**
Mechanical / Mécanique **Keen Engineering Co. Ltd.**
Electrical / Électricité **Arnold Nemetz & Associates Ltd.**
Envelope / Enveloppe **Gordon Spratt & Associates Ltd.**
Acoustical / Acoustique **Brown Strachan Associates**
Landscape / Aménagement paysager **Perry + Associates**
Housing and project manager / Habitation et gestionnaire de projet **Terra Housing**
Geotechnical / Géotechnique **MacLeod Geotechnical Ltd.**
Code **Locke MacKinnon Domingo Gibson & Associates**
Contractor / Entrepreneur **Haebler Construction**
Budget **$11 million / 11 M$**
Photography / Photographie **Derek Lepper 42, 43, 44, 47, 48 bottom right / en bas à droite,**
49, 50, 51, Stan Douglas 48 bottom left / en bas à gauche

PROJECT DESCRIPTION

Redevelopment plans for Woodward's department store in downtown Vancouver included a 200-unit housing allocation. After the provincial government was unable to secure a joint venture development with private developers, the architects were hired by Woodward's Co-op to evaluate alternate sites. This led to the selection of a site a block away from the department store, at 65 West Cordova Street in Gastown, Vancouver's oldest neighbourhood, an area with strict design guidelines and significant economic and social challenges.

The architects were instructed to use a workshop process in which the members of the Co-op could become familiar with the issues and make decisions on the design of the building. The program includes 86 non-market units, 20 market units, and a three-level underground public parkade operated by the City of Vancouver. The number of units on the site maximizes the allocation from BC Housing and the budget was based on its standard unit prices. Unit types include studio apartments (365 sq. ft.), one-bedroom (550 sq. ft.), and two-bedroom (750 sq. ft.). More than half of the units were designed using accessibility principles.

The Co-op's two eight-storey buildings sit on a landscaped podium and remain within the 75-foot height limit. The West Cordova façade emulates the appearance of Woodward's department store and was articulated as an incremental set of smaller masses to acknowledge the scale of the neighbouring buildings. The front of the building has a continuous canopy that provides rain protection, and the ground floor is set back to accommodate a future streetcar stop. The public parkade is entered from Cordova Street while the Co-op parking has a separate entry from the lane.

All of the units have pleasant outlooks. The rear elevation is set back and its windows are angled for views down the lane. The five landscaped roof terraces have gardens for growing vegetables and decks with views of the city and the mountains. The large courtyard includes a waterfall that masks neighbourhood noise. Bridges across the courtyard link the two buildings in case of elevator failure, and all accessible units are located at the bridge level or courtyard level.

The floors of the building are flat-slab concrete and the walls are either cast-in-place architectural concrete or concrete block with brick veneer. The brick detailing recalls the Co-op's relation to the Woodward's store, and the architectural concrete is used to sculpt the surfaces of the inner courtyard, the sawtooth fins on the rear elevation, and the roof decks. Galvanized steel is used for bridges, cornices, and canopies. These materials and details recall the industrial port heritage of Vancouver without literally emulating historical features.

The Co-op is named in honour of Lore Krill, a co-op and poverty activist who worked tirelessly for the residents of the Downtown Eastside and died in 1999.

Typical Floorplan and Courtyard Level 2 /
Plan d'etage type et cour interieure, niveau 2

1 Courtyard Second Level / Cour interieure, niveau 2
2 Courtyard Below / Cour interieure ci-dessous
3 Pedestrian Bridge / Passerelle pour pietons

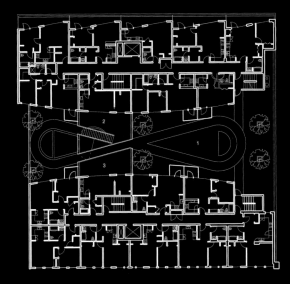

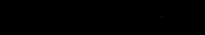

Ground Floorplan / Plan du rez-de-chaussee

1 Courtyard / Cour interieure
2 Public Parking Entry / Entree du stationnement public
3 Courtyard and Water Feature /
  Cour interieure et fontaine
4 Co-op Parking / Stationnement de la cooperative
5 Communal Space / Aire communautaire
6 Bicycle Storage / Rangement des bicyclettes
7 Laundry / Buanderie
8 Garbage and Recycling / Ordures et recyclage
9 Parkade Lobby / Entree du garage aerien
10 Co-op Parking Entry / Entree du stationnement
   de la cooperative

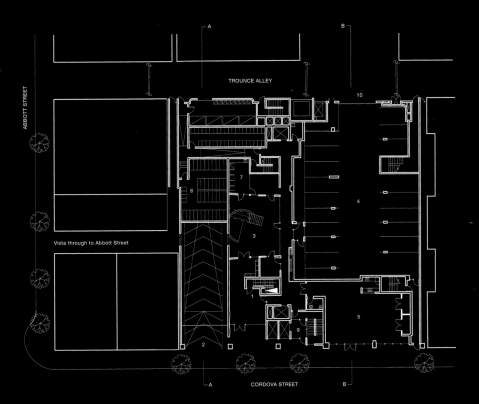

JURY COMMENTS

This project encompasses profound social values while defending the notion that urban living can be vital from a sustainable and rehabilitation perspective and still be imaginatively playful with limited finances. The architectural resolution of the internal garden courtyard – a vertical urban living space carved out between two thin volumetric extrusions – is skillfully defined by human scale, angular views and dramatic daylight.

Daniel Pearl

The ability to extend the range of communal spaces in the face of providing public housing is refreshing. To do so in a project with such attentive detail and material resolve is nothing short of extraordinary.

Christopher Macdonald, FRAIC

1   Co-op Parking Vehicular Entry / Entrée du stationnement de la coopérative
2   Public Parking Pedestrian Entry / Entrée des piétons, stationnement municipal
3   Rooftop Gardens / Jardins terrasses de la toiture

TROUNCE ALLEY

DESCRIPTION DU PROJET

Le projet de réaménagement du magasin Woodward au centre-ville de Vancouver prévoyait une allocation permettant de doter la ville de 200 unités d'habitation. Le gouvernement provincial n'ayant pas réussi à conclure de partenariat avec des promoteurs privés, la coopérative Woodward a mandaté les architectes pour évaluer d'autres sites. Cette démarche l'a amenée à choisir le 65, rue Cordova Ouest, à un pâté du grand magasin, dans le quartier le plus vieux de Vancouver, Gastown, où d'importants défis économiques et sociaux se posent et des règles de design très strictes s'appliquent.

On a demandé aux architectes de tenir des ateliers qui permettraient aux membres de la coopérative de se familiariser avec les enjeux et de participer aux décisions de conception. Le programme comprend 86 unités hors marché, 20 unités au prix du marché et un stationnement public souterrain de trois étages, exploité par la ville de Vancouver. Le nombre d'unités sur le terrain permet de maximiser la subvention de BC Housing et le budget a été établi à partir des prix unitaires standards de cet organisme. Les unités types se composent de studios (365 pi.ca.), d'appartements à une chambre (550 pi.ca.) et à deux chambres (750 pi.ca.). Plus de la moitié des unités respectent les principes de l'accessibilité universelle.

Les deux bâtiments de huit étages de la coopérative sont érigés sur un podium paysagé, et leur hauteur n'excède pas la limite permise de 75 pieds. La façade sur Cordova rappelle l'aspect du magasin Woodward et respecte l'échelle des bâtiments voisins. Toute la longueur de la façade principale est munie d'une marquise et le rez-de-chaussée est situé en retrait, en prévision d'un éventuel arrêt de tramway. On accède au stationnement public par la rue Cordova et à celui de la coopérative par la ruelle.

Toutes les unités offrent une vue agréable. L'élévation arrière est en retrait et ses fenêtres sont disposées à angles. Les cinq toitures-terrasses paysagées comportent des potagers et des aires de détente qui donnent sur la ville et les montagnes. Dans la grande cour, une cascade étouffe les bruits du voisinage. Des ponts relient les deux bâtiments et peuvent être utilisés en cas de panne d'ascenseurs. Toutes les unités à accès universel sont situées au niveau d'un pont ou de la cour.

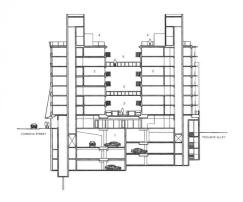

1 Parkade Ramp / Rampe du stationnement
2 Residential Units / Unités résidentielles
3 Courtyard / Cour
4 Rooftop Garden / Jardin terrasse de la toiture
5 Pedestrain Bridge / passerelle pour piétons

Les planchers sont en dalles de béton et les murs en béton architectural coulé sur place ou en blocs de béton revêtus de brique. Certains détails de maçonnerie évoquent ceux du magasin Woodward, rappelant sa relation avec la coopérative, et le béton architectural est utilisé pour découper les surfaces de la cour intérieure, les extrémités en dents de scie de l'élévation arrière et les terrasses des toitures. Les ponts, les corniches et les marquises sont en acier galvanisé. Ces matériaux et leurs détails d'assemblage évoquent la vocation portuaire industrielle de Vancouver sans tomber dans le pastiche.

La coopérative porte le nom de Lore Krill, en hommage à cette militante du mouvement coopératif qui a lutté contre la pauvreté et a travaillé sans relâche pour les résidents de la partie est du centre-ville, et qui est décédée en 1999.

COMMENTAIRE DU JURY

Ce projet embrasse des valeurs sociales significatives tout en défendant l'idée que l'habitation urbaine peut à la fois être fondamentale sous l'angle de la durabilité et de la réhabilitation, et laisser place à l'imagination ludique, malgré des budgets restreints. Le traitement architectural de la cour intérieure – un espace de vie urbaine vertical taillé entre deux minces extrusions volumétriques – est habilement défini par une échelle humaine, des vues angulaires et un éclairage naturel remarquable.

Daniel Pearl

Il est rafraîchissant de voir comment on peut élargir la gamme d'espaces collectifs en offrant à prime abord de l'habitation publique. Il est vraiment extraordinaire d'y parvenir avec un tel souci du détail et un tel traitement des matériaux.

Christopher Macdonald, FRAIC

KUWABARA PAYNE McKENNA BLUMBERG ARCHITECTS

James Stewart Centre
for Mathematics

Building / Bâtiment **James Stewart Centre for Mathematics**

Architect / Architecte **Kuwabara Payne McKenna Blumberg Architects**

Building location / Emplacement **McMaster University, 1280 Main Street West, Hamilton, Ontario / Université McMaster, 1280, rue Principale Ouest, Hamilton, Ontario**

Client **Department of Mathematics and Statistics, Faculty of Science, McMaster University / Département des mathématiques et des statistiques, Faculté des sciences, Université McMaster**

Architect team / Équipe d'architectes **Bruce Kuwabara (lead design partner / associé concepteur principal), Shirley Blumberg (partner in charge / associé chargé du projet), Luigi LaRocca (senior associate / associée), Kevin Bridgman (project architect / architecte de projet), Bruno Weber, Garth Zimmer, Simon Haus, Katya Marshall, Dianna Liu (project team / équipe de projet)**

Structural, mechanical, electrical / Structure, mécanique, électricité **Stantec Consulting Ltd.**

Envelope / Enveloppe **Halsall Associates Ltd.**

Fire and life safety / Sécurité, sécurité-incendie **Leber-Rubes Inc.**

Environmental / Environnement **Pinchin Environmental**

Cost / Coût **Curran McCabe Ravindran Ross**

Project manager / Gestionnaire de projet **O.P. McCarthy & Associates**

Contractor / Entrepreneur **Alberici Constructors Ltd.**

Budget **$8.5 million / 8,5 M $**

Photography / Photographie **Tom Arban Photography, Toronto 53, 54, 55, bottom right / en bas à droite, 57, 58, 61 left / à gauche, 61 bottom right / bas à droite, Eduard Hueber/ArchPhoto 52, 56 bottom left / en bas à gauche, middle / au centre, 61 upper right / en haut à droite**

PROJECT DESCRIPTION

This project required the adaptive re-use of Hamilton Hall, built in 1929 and one of the oldest buildings on the McMaster University campus, into a centre for excellence in mathematics. The objective was to strengthen the identity of the Department of Mathematics and Statistics in a campus traditionally noted for its medicine programs, and to create a facility that recognizes the interactive nature of mathematics with spaces that promote team-based study and research.

Originally designed to house the Sciences department, Hamilton Hall was spatially alienated from its original function after being reconfigured into a student centre in the 1960s. James Stewart, a mathematician and committed alumnus of the university, donated funds to transform the interior for the specific teaching and research requirements of mathematicians, thereby reverting the building – given that mathematics is known as "the original science" – to its original purpose.

The design concept imposed a highly abstract and modern interior onto the historic Collegiate Gothic exterior. The complete demolition of the dark, labyrinthine interior exposed the concrete post-and-beam construction. A new insulated envelope was inserted to preserve the original stone cladding of the exterior wall and the oriole windows. Portions of the floor slabs were removed to create an architectural void that unifies the space vertically and horizontally. The void, articulated in blue glass, visually connects the building's four storeys. Skylit openings at its east and west limits allow natural light to be drawn deep into the interior spaces. As a visual incision, the void is occupied by light and space and it functions as a tangible surface and volume, the objective correlative of the reception and distribution of ideas.

The project transformed a building that appears traditionally collegiate into a building that embodies the spirit of collegiality. Calm, reflective spaces are juxtaposed with interactive zones to be conducive to focusing and sharing mathematical thought. Individual faculty offices and graduate study areas are located along the building's perimeter to accommodate the mathematicians' need for quiet space to pursue individual research. The existing stone-framed Gothic windows are the nuclei around which each office is organized. The offices are unified under a continuous ceiling plate that allows the existing concrete beams and slab to define the full spatial extent. Horizontal glass slots on office fronts draw light into hallways from the perimeter openings. In contrast to the hermetic quality of the offices, the public corridors are oversized and furnished with tables and benches to encourage group study and collaborative thinking. Slate blackboards for recording mathematical notations, yet susceptible to less scientific graffiti, are woven through the office and corridor spaces.

The James Stewart Centre for Mathematics is the first project of its kind at a Canadian university to promote team-based mathematics. It also offers a model for adapting heritage buildings into contemporary architecture.

JURY COMMENTS

In re-housing the Department of Mathematics and Statistics, this muscular adaptive re-use project contrasts the older fabric with the new. The starkly contrasting architectures meet at certain places in the interior: for example, where each office is organized around the stone frame of a Gothic Revival window.

Brit Andresen

This "interior" project fundamentally alters the nature and organization of the existing structure. Its transformations express evolving pedagogic relationships in the department – among students, and between teachers and students.

Stephen Teeple, FRAIC

DESCRIPTION DU PROJET

Ce projet consistait à adapter Hamilton Hall, construit en 1929 et l'un des plus anciens bâtiments du campus de la McMaster University, en un centre d'excellence en mathématiques. L'objectif visé était de renforcer l'identité du Département des mathématiques et des statistiques au sein d'un campus traditionnellement reconnu pour ses programmes de médecine, et de concevoir un bâtiment qui reconnaisse la nature interactive des mathématiques et incite à la recherche et au travail d'équipe.

À l'origine, Hamilton Hall abritait le Département des sciences. Au cours des années 1960, il a été converti en centre étudiant. James Stewart, mathématicien et ancien de l'université, a fait un don pour transformer l'intérieur du bâtiment de manière à ce qu'il réponde aux besoins des mathématiciens pour la recherche et l'enseignement. Il redonnait ainsi au bâtiment sa vocation originale – puisque les mathématiques sont reconnues comme « la science originale ».

Les concepteurs ont opté pour un intérieur hautement abstrait et moderne dans une enveloppe historique de style gothique collégial. La démolition complète de l'intérieur sombre et labyrinthique a fait apparaître la construction à poutres et poteaux en béton. Une nouvelle enveloppe isolée a été insérée pour préserver le revêtement original de pierre du mur extérieur et des oriels. On a percé les dalles de plancher pour créer un vide architectural qui unifie l'espace verticalement et horizontalement. Ce vide, articulé en verre bleu, relie visuellement les quatre étages du bâtiment. Les lanterneaux de ses extrémités est et ouest permettent à la lumière naturelle de pénétrer profondément dans les espaces intérieurs. Comme une incision visuelle, le vide est occupé par la lumière et l'espace et est perçu comme une surface et un volume tangibles, le corollaire objectif de la réception et de la transmission des idées.

1   Colloquium Room / Salle de colloques
2   Lecture Hall (existing) / Salle de conférence (existante)
3   Cafe / Café
4   Tutorial Room / Salle de cours
5   Department Lounge / Salon des employés
6   Seminar Room / Salle de séminaire
7   Faculty Office / Bureau des professeurs
8   Administration / Administration
9   Tutorial Room / Salle de cours
10 Open to Below / Vue en plongée
11 Graduate Students Office / Bureau des étudiants des cycles supérieurs
12 Math Labs / Laboratoires de mathématiques

0 1   5   10
m

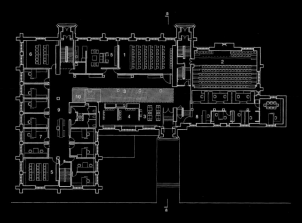

200 level plan / Plan, niveau 200

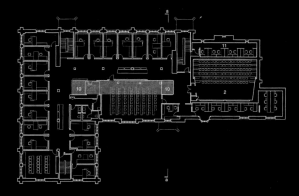

300 level plan / Plan, niveau 300

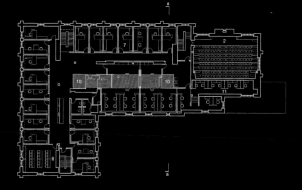

400 level plan / Plan, niveau 400

Le projet a transformé un bâtiment d'apparence collégiale traditionnelle en un bâtiment où se manifeste l'esprit de collégialité. Les espaces calmes, propices à la réflexion, sont juxtaposés à des zones interactives qui conviennent bien au développement et à la diffusion de la pensée mathématique. Les bureaux des enseignants et les aires d'études sont situés au périmètre du bâtiment pour permettre aux mathématiciens de disposer des espaces tranquilles dont ils ont besoin pour poursuivre leurs recherches individuelles. Les fenêtres gothiques existantes encadrées de pierre sont le noyau autour duquel sont organisés les bureaux. Un plafond continu unifie les aires de bureau et permet aux poutres et aux dalles de béton de définir l'étendue spatiale. Des fentes horizontales vitrées devant les bureaux amènent aux couloirs la lumière provenant des ouvertures du périmètre. En opposition à l'herméticité des bureaux, les corridors publics sont surdimensionnés et meublés de tables et de bancs pour favoriser l'étude en groupes et la réflexion collective. Des tableaux d'ardoise permettant de noter des formules mathématiques, même s'ils peuvent inviter à l'inscription de graffitis moins scientifiques, sont disposés dans les espaces à bureaux et les corridors.

Le James Stewart Centre for Mathematics est le premier projet de ce genre dans une université canadienne. En plus de promouvoir l'apprentissage des mathématiques par le travail en équipes, il offre un modèle d'adaptation d'un bâtiment patrimonial en un bâtiment contemporain.

COMMENTAIRE DU JURY

En créant un nouvel habitat pour le Département des mathématiques et des statistiques, ce projet vigoureux d'adaptation du bâtiment met l'ancienne structure en contraste avec la nouvelle. Des architectures fortement contrastées se rencontrent à certains endroits à l'intérieur du bâtiment : par exemple, lorsque chaque bureau est organisé autour de l'encadrement de pierre d'une fenêtre néo-gothique.

Brit Andresen

Ce projet « intérieur » modifie fondamentalement la nature et l'organisation de la structure existante. Il exprime ainsi l'évolution des relations pédagogiques dans ce département – parmi les étudiants et entre les enseignants et les étudiants.

Stephen Teeple, FRAIC

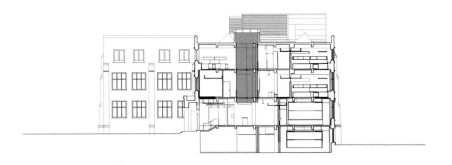

IAN MacDONALD ARCHITECT INC.

House in Erin Township

Building / Bâtiment **House in Erin Township / Maison à Erin Township**
Architect / Architecte **Ian MacDonald Architect Inc.**
Building location / Emplacement **Erin Township, Ontario**
Client **withheld / non dévoilé**
Architect team / Équipe d'architectes **Ian MacDonald, Tim Wickens,**
Olga Pushkar, Michael Attard
Structural / Structure **Yolles Partnership Inc.**
Mechanical / Mécanique **Toews System Design**
Millwork / Menuiserie **Gibson Greenwood**
Contractor / Entrepreneur **Marcus Design Build**
Budget **withheld / non dévoilé**
Photography / Photographie **Tim Wickens 62, 63, 66 bottom left / en bas à gauche, 69, 70**
Ted Yarwood 64, 65, 66 bottom right / en bas à droite, 67, 68

PROJECT DESCRIPTION

This country retreat for two urban professionals is located only 45 minutes from downtown Toronto, in an area that is surrounded by suburban encroachment. The main design challenge was to create a strong connection to the land and to maintain this ten-acre site as a natural setting for the house.

The siting strategy was particularly important. The obvious location for the house was up on a hill overlooking the landscape, but this site would have been vulnerable to "view pollution" due to unpredictable suburban sprawl. Instead, the house was embedded in a tree row adjacent to the road. This decision minimized the length of the driveway and its environmental impact. It enabled the house to frame views of undulating hills and a wetland pond that had originally drawn the couple to the site. It also ensured that the sense of retreat and the views from the house would not be jeopardized by future development.

The house is modest and it sits lightly on the land. To optimize the limited budget, the design uses expressive materials that are well crafted and finely detailed, using a modern vocabulary of formal elements and spatial richness. The house is an environmentally responsive design that builds thoughtfully on an increasingly populated urban fringe, where ostentatious buildings often dominate the landscape in a wasteful and insensitive way.

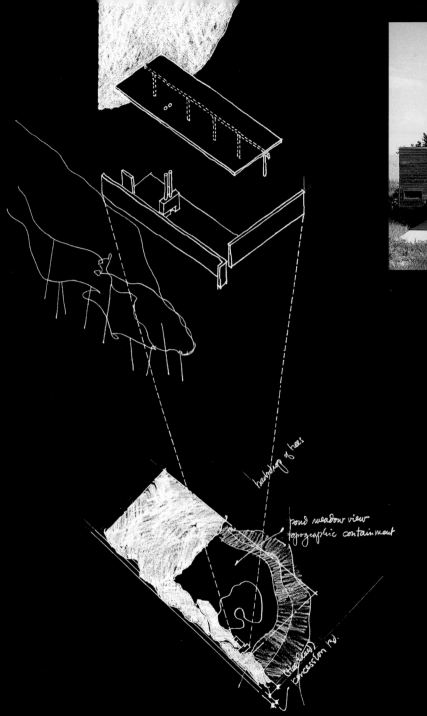

habitarp of trees

pond meadow view
topographic containment

(fielding)
succession

JURY COMMENTS

The architectural qualities of this project owe much to the siting strategy, which is both pragmatic and poetic in the larger landscape conditions. The interior spaces benefit not only from the contained views to the pond and the hillside but also from the section that gently differentiates areas through light and space.

Brit Andresen

Simplicity of means results in a comfortable yet rich living space. Emphasis is placed on how south light falls into the house, how views are framed and how public rooms connect with the site, rather than on elaborate detailing. This gives the house a rural sensibility appropriate to its location.

Stephen Teeple, FRAIC

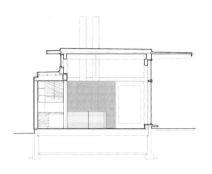

Plan

1 Entry / Entrée
2 Kitchen / Cuisine
3 Dining / Salle à manger
4 Living / Séjour
5 Screen Porch / Véranda avec moustiquaire
6 Bedroom / Chambre à coucher
7 Washroom / Toilettes
8 Den / Coin-détente
9 Laundry/Mechanical / Salle de lavage / mécanique
10 Carport / Abri d'auto
11 Storage / Dépôt

DESCRIPTION DU PROJET

Ce refuge rural pour deux professionnels urbains est situé à 45 minutes seulement du centre-ville de Toronto, dans une région entourée par l'étalement des banlieues. Le principal défi du concepteur était d'établir un rapport intime entre la maison et ce terrain de dix acres, tout en conservant les qualités naturelles de ce site.

La stratégie d'implantation était particulièrement importante. La colline qui surplombe le paysage constituait l'emplacement le plus évident pour la maison, mais, avec l'expansion imprévisible de la banlieue, cet endroit aurait éventuellement pu subir une « pollution visuelle ». L'architecte a plutôt décidé d'encastrer la maison au sein d'une rangée d'arbres adjacents à la route. Cette décision permettait de réduire au minimum la longueur de l'entrée de la propriété et son impact sur l'environnement. Elle offrait aux propriétaires une vue sur des collines ondoyantes et sur un bassin marécageux qui les avait conquis de prime abord. Elle leur assurait enfin la privauté et garantissait qu'aucun développement futur ne viendrait menacer leur paysage.

La maison est modeste et s'inscrit tout naturellement dans son environnement. Pour tirer le meilleur parti du budget restreint, le concepteur s'est servi de matériaux expressifs, qui ont été bien travaillés et finement détaillés. Il a utilisé un vocabulaire moderne qui allie les éléments formels et la richesse spatiale. La maison est respectueuse de l'environnement et s'insère subtilement dans la frange urbaine de plus en plus peuplée, dans laquelle des bâtiments prétentieux dominent souvent le paysage sans aucune sensibilité.

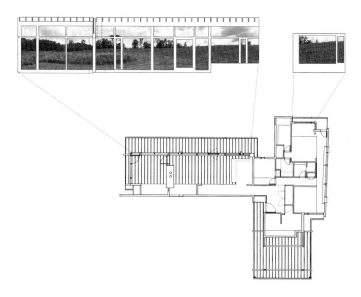

COMMENTAIRE DU JURY

Les qualités architecturales de ce projet doivent beaucoup à la stratégie d'implantation, à la fois pragmatique et poétique dans le contexte du paysage élargi. Les espaces intérieurs offrent non seulement des vues sur le bassin marécageux et sur les collines, mais profitent également de la coupe qui distingue délicatement les aires au moyen de la lumière et de l'espace.

Brit Andresen

La simplicité des moyens se traduit par un espace de vie à la fois confortable et riche. L'accent est mis sur la manière dont la lumière du sud pénètre dans la maison, l'encadrement des vues et la relation des pièces publiques avec le terrain, plutôt que sur des détails élaborés. Tout cela donne à la maison une sensibilité rurale qui convient tout à fait à son emplacement.

Stephen Teeple, FRAIC

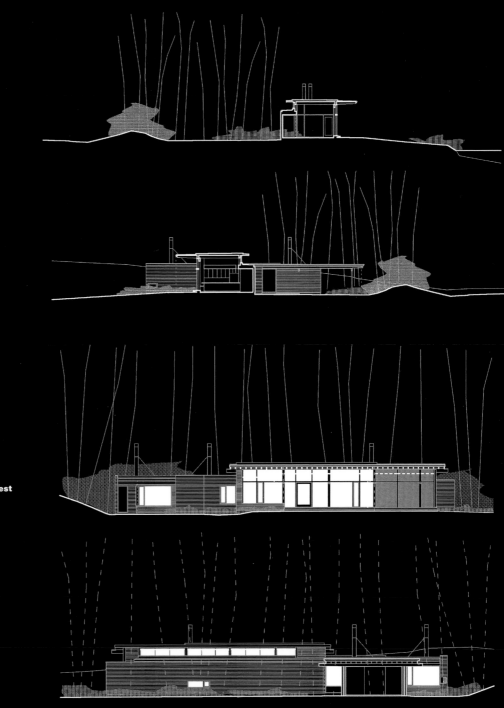

North South Sections / Coupes nord-sud

East West Elevations / Élévations est-ouest

PATKAU ARCHITECTS

Agosta House

Building / Bâtiment **Agosta House / Maison Agosta**
Architect / Architecte **Patkau Architects Inc.**
Building location / Emplacement **San Juan Island, Washington, USA /
Île San Juan, Washington, É.-U.**
Client **William and / et Karin Agosta**
Architect team / Équipe d'architectes **John Patkau, Patricia Patkau, David Shone**
Engineers / Ingénieurs **Fast + Epp Structural Engineers**
Contractor / Entrepreneur **Ravenhill Construction**
Budget **withheld / non dévoilé**
Photography / Photographie **James Dow**

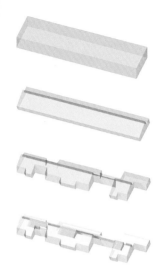

PROJECT DESCRIPTION

This project is a private residence of 2775 square feet for a couple who are relocating from Manhattan to San Juan Island, a small rural island off the Pacific coast in Washington State. In addition to conventional domestic requirements, the program of the house includes an office for professional work and a garden that is enclosed by a twelve-foot fence to protect it from the many deer that run wild throughout the island.

The 43-acre property is covered largely by second-growth Douglas Fir forest. Ten acres of this land have been dedicated to a perpetual conservation easement. The house sits on a grassed meadow that is enclosed on three sides by the dark fir forest. To the northwest it overlooks rolling fields below, with a distant view across Haro Strait to the Gulf Islands of British Columbia.

The house is stretched across the ridge of the meadow, like a "spatial dam" with a forecourt "reservoir" to the southeast and a panorama of fields and waterways below to the northwest. The walls and roof slope in response to the gentle but steady slope of the site. The spatial organization of the house extrudes the simple building section and manipulates it in two ways: by eroding the section to create exterior in-between spaces that subdivide the house programmatically into zones; and by inserting non-structural bulkheads that organize the interior into smaller spatial areas.

The construction of the house is relatively straightforward. It has a concrete slab-on-grade foundation, and its structure combines heavy timber fir framing that is left exposed and conventional stud framing that is clad in painted gypsum board. The house has radiant heating from hot water tubes cast into the concrete slab. The exterior is clad largely in light-gauge galvanized sheet steel that protects the structure from weather and also addresses the possibility of wildfires in this rural area with limited firefighting protection.

JURY COMMENTS

A line is drawn across a clearing, dividing it into two natural courts. On closer view, the line is composed of a number of closely spaced parallel lines, within which lie the dwelling spaces of the house. Connections back and forth to the landscape occur at breaks in these lines. An enriched experience of the landscape is achieved through simple means.

Stephen Teeple, FRAIC

The house occupies its rugged, yet gently undulating site in a convincing way. It has found its setting and architectural character: a simple, solid body with many interior and exterior pockets for living and celebrating the landscape.

Markku Komonen

**Reflected Ceiling Plan /
plan de plafond réfléchi**

0   5   10   20
m

Floor Plan / Plan du rez-de-chaussée

1   Entry / Entrée
2   Living Room / Séjour
3   Dining Room / Salle à manger
4   Kitchen / Cuisine
5   Master Bedroom / Chambre des maîtres
6   Storage/Mechanical / Dépôt / mécanique
7   Mud Room / Vestibule
8   Covered Walkway / Passerelle couverte
9   Terrace / Terrasse
10 Fenced Garden / Jardin clôturé
11 Guest Room / Chambre d'amis
12 Studio / Atelier
13 Garden Shed / Remise de jardin

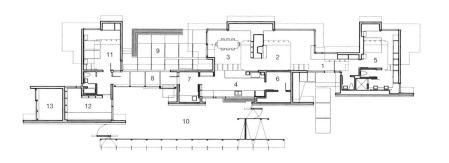

DESCRIPTION DU PROJET

Cette résidence privée de 2 775 pieds carrés appartient à un couple qui a quitté Manhattan pour s'installer à l'île San Juan, une petite île rurale au large des côtes du Pacifique, dans l'État de Washington. En plus de répondre aux besoins conventionnels pour un projet de ce type, la résidence devait comprendre un bureau professionnel et un jardin entouré d'une clôture de douze pieds pour le protéger des nombreux chevreuils en liberté sur l'île.

Une forêt de jeunes sapins Douglas recouvre une grande partie de la propriété de 43 acres dont une dizaine sont consacrées à un programme de servitudes de conservation. La maison est érigée dans une prairie encastrée dans la forêt sur trois côtés. Elle surplombe des champs ondulés et offre une vue lointaine s'étendant de Haro Strait jusqu'aux îles Gulf de la Colombie-Britannique.

La maison s'étire le long d'une arête dans la prairie et forme en quelque sorte un « barrage spatial » dont l'avant-cour constitue le « réservoir » qui donne sur les champs et les cours d'eau en contrebas. Les murs et le toit s'inclinent en harmonie avec la pente douce et régulière du terrain. L'organisation spatiale de la maison reflète les modifications apportées à la coupe simple du bâtiment. Par une érosion de la coupe, le concepteur a su créer des espaces extérieurs de transition qui subdivisent la maison en diverses zones fonctionnelles. Il a aussi inséré des plafonds surbaissés non structuraux qui définissent de plus petits espaces au sein de l'intérieur.

La maison est construite assez simplement. Elle comprend une dalle de béton sur sol, une structure apparente en gros bois d'œuvre de sapin et une ossature traditionnelle recouverte de gypse peint. Des conduits d'eau chaude encastrés dans la dalle de béton assurent un chauffage à rayonnement. L'extérieur est en grande partie revêtu d'un parement léger en acier galvanisé qui protège le bâtiment contre les intempéries et tient compte du danger d'un éventuel feu de forêt dans cette zone rurale qui dispose de peu de moyens pour combattre de tels incendies.

COMMENTAIRE DU JURY

Une ligne est tracée à travers une clairière, la divisant en deux cours naturelles. À y regarder de plus près, elle se compose plutôt de nombreuses lignes parallèles rapprochées, entre lesquelles reposent les espaces habitables de la maison. Ces lignes sont rompues par des liens intermittents avec le paysage. Par des moyens bien simples, le concepteur a su enrichir la perception du paysage.

Stephen Teeple, FRAIC

La maison occupe son terrain à la fois sauvage et légèrement vallonné de manière convaincante. Elle a su trouver le caractère architectural et l'implantation justes : un corps simple, solide, agrémenté de nombreuses poches intérieures et extérieures qui offrent des espaces de vie agréables tout en mettant le paysage en valeur.

Markku Komonen

PATKAU ARCHITECTS INC.

Shaw House

Building / Bâtiment **Shaw House / Résidence Shaw**
Architect / Architecte **Patkau Architects Inc.**
Building location / Emplacement **Vancouver, British Columbia / Vancouver, Colombie-Britannique**
Client **John Shaw**
Architect team / Équipe d'architectes **Michael Cunningham, John Patkau, Patricia Patkau, Peter Suter**
Model / Maquette **Craig Simms, Kathleen Robertson**
Engineers / Ingénieurs **Fast + Epp Structural Engineers**
Contractor / Entrepreneur **Glover Co.**
Budget **withheld / non dévoilé**
Photography / Photographie **Paul Warchol 82, 83, 84, 85, 88, 89, 91, Undine Prohl 86, 87, 90**

PROJECT DESCRIPTION

The project is a private residence of 3071 square feet for a single person. The program includes typical living spaces, a single bedroom, a study, a music room, and a lap pool. The site is a small waterfront property, 33 feet wide by 155 feet deep, looking across English Bay to the north shore mountains that dominate the skyline of Vancouver. Required sideyard setbacks result in a plan that is limited to 26.4 feet in width.

The house is organized simply, with living spaces on grade, private spaces above grade, and a music room below grade. The dimensions of the site make it difficult to locate the lap pool on grade while retaining generous living spaces. Consequently, the lap pool is located above grade, along the west side of the house, connected at either end to terraces for the bedroom and study.

Within the small, narrow floor plates, spatial expansion is possible only by extending outward over the water and upward through the volume of the house. Small spaces are enlarged with generous ceiling heights and the fully interiorized dining room rises through the floor above. A clerestory, made possible by the presence of the lap pool on the west side of the house, brings daylight and reflected light from the pool deep into the central area of the plan.

Because Vancouver is located in an area of high seismic risk, the lap pool above grade requires a robust structure that is resistant to significant lateral forces. Consequently, the house is constructed almost entirely of reinforced concrete. Within this structural concrete shell, the interior is insulated and clad with painted gypsum board. In areas where insulation is not required, the concrete structure is exposed.

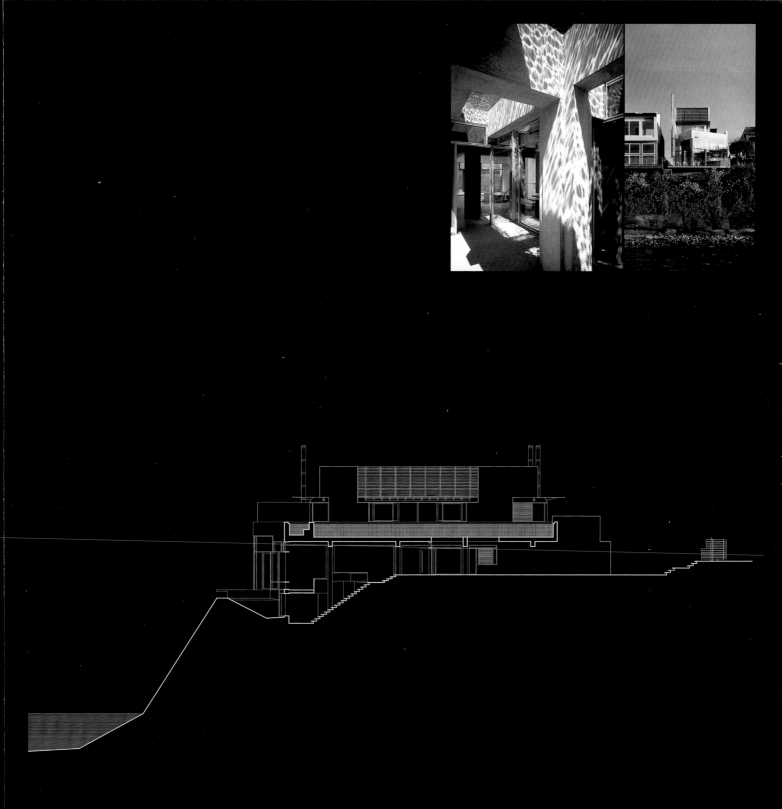

The house is a virtuoso performance across all scales of consideration, rendered material with extraordinary finesse and confident measure.

Christopher Macdonald, FRAIC

This is clearly one of the most finely crafted houses to be built in Canada. Moments of great spatial richness are achieved through a careful manipulation of the section within a confined site.

Stephen Teeple, FRAIC

```
0   5   10      20
m
```

1   Entry / Entrée
2   Dining Room / Salle à manger
3   Living Room / Séjour
4   Kitchen / Cuisine
5   Powder Room / Demi-salle de bains
6   Garage
7   Bedroom / Chambre à coucher
8   Bathroom / Salle de bains
9   Guest Bathroom / Salle de bains des invités
10 Study / Cabinet de travail
11 Lap Pool / Piscine
12 Hot Pool / Piscine d'eaux thermales
13 Music Room / Salle de musique
14 Bathroom / Salle de bains
15 Light well / Puits de lumière

DESCRIPTION DU PROJET

Le projet consiste en une résidence privée de 3071 pieds carrés construite pour une personne qui vit seule. Le programme comprend les espaces de vie habituels, une chambre, une pièce de travail, une salle de musique et une piscine pour la nage en longueur. Le terrain de 33 pieds de largeur par 155 pieds de profondeur est situé au bord de l'eau et donne, au-delà de la baie English, sur les montagnes de la rive nord qui dominent l'horizon de Vancouver. Pour respecter les marges de recul requises, la largeur de la maison ne peut excéder 26,4 pieds.

La maison est divisée simplement. Les espaces de vie sont au niveau du sol, les espaces privés au-dessus et la salle de musique en sous-sol. Vu les dimensions du terrain, il était difficile d'implanter la piscine au niveau du sol tout en conservant de bonnes dimensions aux espaces de vie. Le concepteur a donc décidé de l'implanter au-dessus du niveau du sol, le long du côté ouest de la maison, entre les terrasses de la chambre et de la pièce de travail.

À l'intérieur de ces petits étages étroits, il n'est possible d'agrandir les espaces qu'en les prolongeant vers l'extérieur, au-dessus de l'eau, ou en hauteur à travers le volume. Les plafonds très hauts agrandissent les petits espaces et la salle à manger complètement intérieure s'élève sur deux étages. Une fenêtre haute, rendue possible par la présence de la piscine du côté ouest de la maison, permet la pénétration de la lumière du jour et de la lumière réfléchie de la piscine jusqu'à la zone centrale du plan.

Vancouver est située dans une région où le risque de séisme est très élevé. C'est pourquoi la structure de la piscine doit pouvoir résister à d'importantes forces latérales et la maison est construite presque entièrement en béton armé. L'intérieur de cette coquille de béton est isolé et revêtu de gypse peint. La structure de béton demeure apparente aux endroits où l'isolation n'est pas nécessaire.

COMMENTAIRE DU JURY

Cette maison est un exemple de virtuosité à tous les niveaux, matérialisée avecune finesse extraordinaire et un sens profond de la mesure.

Christopher Macdonald, FRAIC

Il s'agit de toute évidence d'une des maisons les plus finement réalisées au Canada. La manipulation soigneuse de la coupe sur un terrain restreint engendre une grande richesse spatiale.

Stephen Teeple, FRAIC

SHIM·SUTCLIFFE ARCHITECTS

Muskoka Boathouse

Building / Bâtiment **Muskoka Boathouse / Hangar à bateaux de Muskoka**

Architect / Architecte **Shim-Sutcliffe Architects**

Building location / Emplacement **Lake Muskoka, Ontario**

Client **Shanitha Kachan and / et Gerald Sheff**

Architect team / Équipe d'architectes **Brigitte Shim and / et Howard Sutcliffe (principals / associés),
Donald Chong, Jason-Emery Groen (presentation drawings / dessins de présentation), James Song
(model building / maquette), Andrew Chatham, John O'Connor (project assistants / assistants de projet)**

Structural / Structure **Atkins + Van Groll Engineering**

Mechanical / Mécanique **Toews Systems Design**

Planning / Aménagement **List Planning**

Millwork / Menuiserie **Radiant City Millwork**

Custom fabrication / Éléments fabriqués sur mesure **Takashi Sakamoto**

Contractor / Entrepreneur **Judges Contracting**

Budget **Withheld at client's request / non dévoilé**

Photography / Photographie **James Dow 93, 94, 95, 97, 98 upper left / en haut à gauche, 99, 101,
Edward Burtynsky 92, 100, Shim-Sutcliffe 96, 98 lower left / en bas à gauche**

PROJECT DESCRIPTION

This boathouse is located on the southwest shore of Lake Muskoka, in a landscape that has been defined by the pre-Cambrian granite of the Canadian Shield, mythologized by the paintings of the Group of Seven, and adorned by pioneer log cabins, ornate Victorian cottages and custom wooden boats built by local craftsmen. Like Le Corbusier's rustic cabin in southern France and the Adirondack camps of upstate New York, the boathouse is a "sophisticated hut" in the wilderness.

The program for the boathouse includes two indoor boat slips, a covered outdoor boat slip, storage for marine equipment; a sleeping cabin with kitchenette, shower and bath area, bedroom-sitting room; and several outdoor porches and terraces, with a moss garden and local plant species.

Construction began in the winter, when the lake was still frozen. The layout of the dock was drawn on the ice to locate the cribs. Holes were cut into the ice and sleepers were laid across the holes to support the crib assembly. As each crib was completed, the ends of the sleepers were cut and the cribs were lowered through the ice to settle on the lake bed. Granite rocks were then dropped into the cribs for ballast.

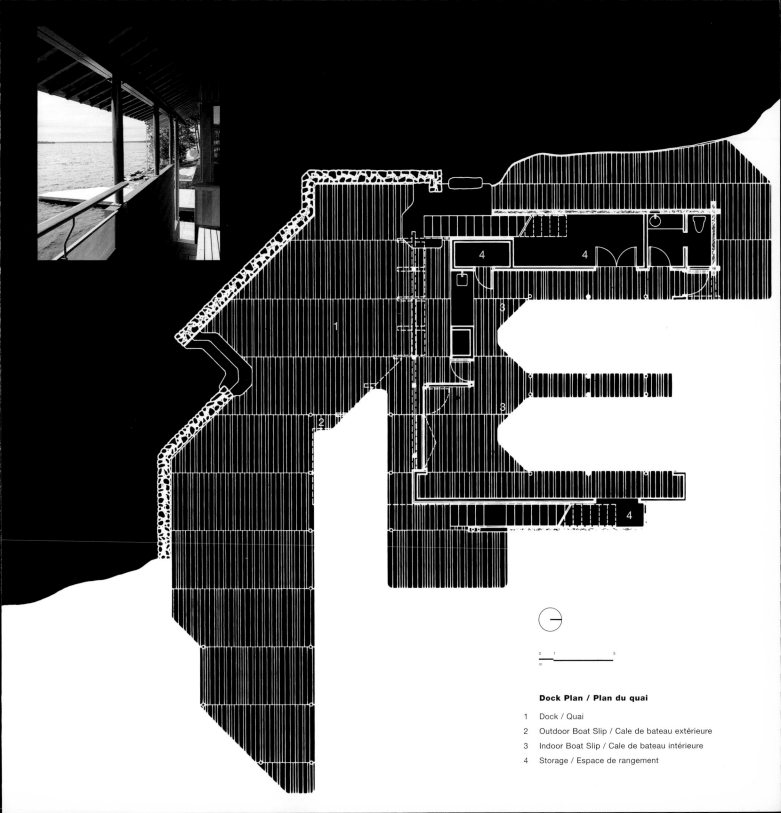

Dock Plan / Plan du quai

1   Dock / Quai

2   Outdoor Boat Slip / Cale de bateau extérieure

3   Indoor Boat Slip / Cale de bateau intérieure

4   Storage / Espace de rangement

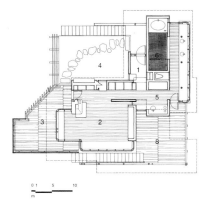

Sleeping Cabin Plan / Plan du dortoir

1 Entrance / Entrée
2 Bedroom/Sitting Room / Chambre à
   coucher / salon
3 Outdoor Deck / Terrasse extérieure
4 Moss Garden / Jardin de mousse
5 Kitchenette / Cuisinette
6 Shower / Douche
7 Bath / Bain
8 Covered Porch / Galerie couverte

This submerged structure provided the foundation for the heavy timber outer walls of the boathouse. The timbers are reclaimed industrial beams, assembled using traditional log cabin methods. This heavy, rustic exterior wraps around the intricately crafted sleeping cabin.

The interior finishes combine ordinary and sophisticated features, including Douglas fir plywood cabinets and mahogany windows, all detailed to allow for settlement in the crib foundations. Victorian beadboard ceilings merge into a shaped Douglas fir ceiling in the main room of the sleeping cabin, while mahogany duckboards in the bathroom recall a typical Muskokan boat deck. The materials, spatial layers and framed views throughout the boathouse and its surroundings are experienced as a series of juxtapositions: exterior and interior, forest and lake, building and nature, tradition and innovation – characteristics of building in the modern Canadian landscape.

JURY COMMENTS

The architects have made a beautiful building on the border between forested land and water – a challenging site that should be almost forbidden. With its fine proportions and refined craftsmanship, the house resembles the super-designed hardwood boats that it envelops.

Markku Komonen

In this project, North American "stick" wood construction is refined to a high level of artistic expression. Care and precision are applied to every aspect of the project, including its siting. The boathouse resembles other boathouses in the Muskokas, yet is differentiated as an artful reinterpretation of the type.

Stephen Teeple, FRAIC

DESCRIPTION DU PROJET

Ce hangar à bateaux est situé sur la rive sud-ouest du lac Muskoka, dans un paysage modelé par le granit précambrien du Bouclier canadien, immortalisé par les tableaux du Groupe des Sept, et agrémenté de cabanes en bois rond, de cottages victoriens et de bateaux en bois construits par les artisans locaux. À l'instar du cabanon de vacances de Le Corbusier dans le sud de la France et des camps des Adirondacks dans le nord de l'État de New York, ce hangar à bateaux est une « cabane raffinée » implantée dans un milieu naturel.

Le programme du hangar comprend deux cales de bateaux intérieures, une cale extérieure couverte, un dépôt de matériel nautique ; un pavillon avec cuisinette, une salle de bain et douche, une chambre-salon ; et plusieurs galeries et terrasses extérieures, entourées d'un jardin de mousse et de végétation locale.

La construction a débuté en hiver, alors que lac était toujours gelé. On a tracé la forme du quai sur la glace pour situer l'emplacement des caissons. On a percé des trous dans la glace, au-dessus desquels on a déposé des lambourdes pour soutenir l'assemblage des caissons. Lorsque chaque caisson était terminé, les extrémités des lambourdes étaient coupées et le caisson descendu au fond du lac. Des roches de granit ont ensuite été jetées dans les caissons pour agir comme ballast.

Cette structure submergée sert de fondation aux murs extérieurs en gros bois d'œuvre du hangar. Les pièces de bois sont des poutres récupérées de bâtiments industriels, assemblées selon les méthodes traditionnelles de construction de cabanes en bois rond. Cet extérieur rustique enveloppe le dortoir au design plus raffiné. Les finis intérieurs comprennent des éléments ordinaires alliés à des éléments plus étudiés, comme des armoires en contreplaqué de sapin Douglas et des fenêtres en acajou, toutes conçues de façon à endurer les mouvements dus au tassement des caissons d'assise. Des plafonds en lattes de bois de type victorien se joignent au plafond en sapin Douglas de la pièce principale, et le caillebotis d'acajou de la salle de bain évoque le pont des embarcations typiques du lac Muskoka. Tant les matériaux que les couches de la construction et les tableaux formés par les vues à travers le bâtiment et son environnement donnent l'impression d'une série de juxtapositions : extérieur et intérieur, forêt et lac, bâtiment et nature, tradition et innovation – qui témoignent de l'art de bâtir dans le Canada moderne.

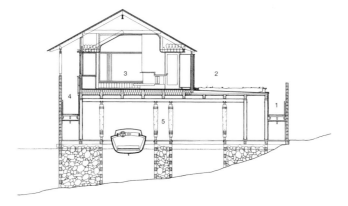

Cross-section looking South /
Coupe transversale vers le Sud

1   Woodland Entry Stair / Escalier menant
    au terrain boisé

2   Moss Garden / Jardin de mousse

3   Bedroom/Sitting Room / Chambre à coucher / salon

4   Lakeside Stair / Escalier du côté du lac

5   Indoor Slips / Cales intérieures

COMMENTAIRE DU JURY

Les architectes ont réalisé un très beau bâtiment à la frontière du sol forestier et de l'eau – un emplacement qui présente un défi et où il devrait presque être interdit de construire. Avec ses proportions justes et sa facture soignée, la maison ressemble aux superbes bateaux en bois au design très raffiné qu'elle abrite.

Markku Komonen

La technique nord-américaine de construction en charpente légère de bois atteint ici un haut degré d'expression artistique. Chaque aspect du projet, y compris son implantation, a été minutieusement étudié et réalisé avec précision. Le hangar à bateaux ressemble aux autres hangars des Muskokas, mais s'en distingue et constitue une réinterprétation artistique du modèle.

Stephen Teeple, FRAIC

SHIM-SUTCLIFFE ARCHITECTS

Weathering Steel House

Building / Bâtiment **Weathering Steel House / Maison revêtue d'acier**
Architect / Architecte **Shim-Sutcliffe Architects**
Building location / Emplacement **Toronto, Ontario**
Client **withheld / non dévoilé**
Architect team / Équipe d'architectes **Brigitte Shim and / et Howard Sutcliffe (principals / associés)**
Structural / Structure **Blackwell Engineering**
Mechanical, envelope / Mécanique, enveloppe **Ted Kesik**
Landscape / Aménagement paysager **Neil Turnbull**
Reflecting pool, swimming pool / Miroir d'eau et piscine **Waterarchitecture Inc.**
Audio, security, lighting / Audio, sécurité, éclairage **Synergy**
Weathering steel cladding / Revêtement d'acier patinable **Tremonte Manufacturing Ltd.**
Builder / Constructeur **Kamrus Construction, Derek Nicholson (project manager / gestionnaire de projet)**
Budget **withheld / non dévoilé**
Photography / Photographie **James Dow 102, 106 lower left / en bas à gauche, 107, 108, 110 bottom left / en bas à gauche, 111, Steven Evans 103, 110 bottom right / en bas à droite, Michael Awad 104, 106 top left / en haut à gauche, 109**

PROJECT DESCRIPTION

In the Toronto garden suburb of Don Mills, 1960s ranch bungalows are being leveled and replaced by large, clumsy, historically referential "monster houses." Beige brick, taupe stucco, and reconstituted stone are the materials of this new suburban dream, complemented by decorative and ornamental landscaping. They are the antithesis of their modernist predecessors.

This house sharply contrasts its suburban context. From the street, it appears much more opaque than adjacent buildings but sculptural cut-outs in the front elevation offer glimpses of the ravine beyond. The exterior is materially rich, dark, and abstract. The L-shaped massing of the house frames a reconfigured landscape with tree-covered mounds and a sweeping meadow on the edge of the ravine. A reflecting pool and swimming pool are embedded into the centre of the plan and act as an intermediary between building and landscape. They bring reflected light, motion, and sound into the heart of the house.

Second Floor Plan / Plan du 2ᵉ étage

1 Study / Cabinet de travail
2 Master Bedroom / Chambre des maîtres
3 Balcony / Balcon
4 Master Bathroom / Salle de bains des maîtres
5 Stair to First Floor / Escalier menant au premier étage
6 Guest Bedroom / Chambre d'amis
7 Guest Bathroom / Salle de bains des amis
8 Children's Bathroom / Salle de bains des enfants
9 Children's Bedroom / Chambre des enfants
10 Green Roof Below / Toiture-jardin ci-dessous

0 5 10   20
m

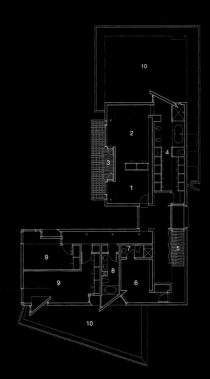

Ground Floor Plan / Plan du rez-de-chaussée

1 Parking Court / Stationnement
2 Lower Level Court / Cour du niveau inférieur
3 Entrance / Entrée
4 Garage
5 Bathroom / Salle de bains
6 Entry hall / Hall d'entrée
7 Living Room / Séjour
8 Dining Room / Salle à manger
9 Reflecting Pool / Miroir d'eau
10 Bridge / Pont
11 Swimming Pool / Piscine
12 Kitchen / Cuisine
13 Family Room / Salle familiale
14 Pantry / Garde-manger
15 Terrace / Terrasse
16 Ravine / Ravin

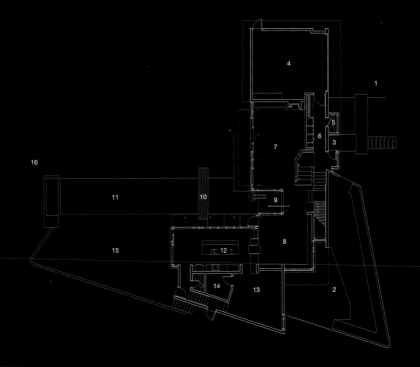

Upon entering, one arrives in an extended horizontal and vertical space parallel to the front wall that connects the garage entry, front entry, basement, courtyard and second floor. One rises a few steps to the main level, where the landscape and the house unfold around the linear pool that weaves together the interior and exterior spaces. At the end of the reflecting pool axis, a pool of light from above illuminates the landing of the stairway up to the second floor, where a skylight and large windows on the north and south form a bridge between the master bedroom and the children's wing.

JURY COMMENTS

The architectural quality of this suburban house owes much to the making of micro-landscapes on site to engage with both the larger setting and the interior spaces. The weathering steel cladding further registers the site and its climatic conditions. The scaled relations among furniture, room, garden and larger setting contribute to the memorability of the house.

Brit Andresen

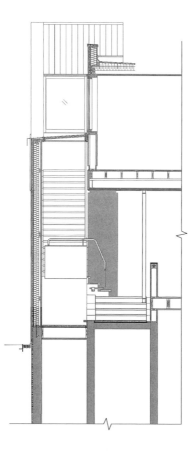

DESCRIPTION DU PROJET

À Don Mills, la banlieue-jardin de Toronto, on rase les bungalows des années 60 pour les remplacer par d'immenses maisons disgracieuses, de véritables « monstres ». Revêtues de brique beige, de stucco taupe et de pierre reconstituée, ces représentations du nouveau rêve banlieusard sont agrémentées d'aménagements paysagers décoratifs. Elles sont à l'antithèse des maisons de style moderne qui les ont précédées.

Cette maison-ci offre un vif contraste avec son environnement. De la rue, elle semble beaucoup plus opaque que les bâtiments adjacents mais les découpes sculpturales de l'élévation avant permettent d'entrevoir le ravin de l'autre côté. L'extérieur est riche, foncé et abstrait. La forme en L de la maison encadre un paysage reconfiguré composé de buttes couvertes d'arbres et d'un vaste pré qui s'étend jusqu'au ravin. Un miroir d'eau et une piscine sis au centre du plan servent d'intermédiaire entre le bâtiment et le paysage. Ils apportent lumière réfléchie, mouvement et son au cœur de la maison.

En entrant, on pénètre dans un long espace horizontal et vertical parallèle au mur du devant qui relie l'entrée de garage, l'entrée principale, le sous-sol, la cour et le second étage. Quelques marches amènent au niveau principal, où le paysage et la maison se déploient autour de la piscine linéaire qui joint les espaces intérieurs et extérieurs. À l'extrémité de l'axe du miroir d'eau, un éclairage venant du dessus illumine le palier de l'escalier jusqu'au deuxième étage, où un puits de lumière et de grandes fenêtres au nord et au sud relient la chambre des maîtres et l'aile des enfants.

COMMENTAIRE DU JURY

La qualité architecturale de cette maison de banlieue découle grandement de la création de micro-paysages qui sont en relation tant avec le site qu'avec les espaces intérieurs. Le revêtement d'acier patinable accentue quant à lui la relation de la maison avec le terrain et ses conditions climatiques. Les justes proportions établies entre le mobilier, les pièces, le jardin et le terrain contribuent à créer une maison mémorable.

Brit Andresen

The Jury

Christopher Macdonald, FRAIC is Director of the School of Architecture at the University of British Columbia. A founding partner of the British firm Macdonald and Salter and an influential figure at the Architectural Association in London and at the University of Texas in Austin, Mr. Macdonald curated the exhibition *Issues of Gravity, A Study in Collaboration*, on the work of structural engineer C.Y. Loh Associates. He is currently involved in *Cabin + Camp*, an exhibition and symposium on contemporary house design in the Canadian landscape. His design work includes the Osaka Follies in London, the Thai Fish Restaurant in Tokyo, and an IBA urban design project in West Berlin. It is published in *Front.1: Building Projects by Macdonald and Salter* (Chronicle Books, 1993).

Brit Andresen is the recipient of the 2002 Gold Medal from the Royal Australian Institute of Architects. She studied architecture in Norway and taught at Cambridge University, the Architectural Association and the University of California, Los Angeles. She is based in Brisbane, Queensland, and has produced timber buildings that actively engage the surrounding landscape, in collaboration with her late partner Peter O'Gorman. These buildings include the Ocean View Farmhouse, Roseberry House, Moreton Bay Houses and Mooloomba Beach House.

Markku Komonen is an associate of the Finnish firm Heikkinen Komonen Architects. The firm's built work includes the Finnish Stakes and Senate Office Building, the Max Planck Institute of Molecular Cell Biology and Genetics, the Lume Mediacenter, the McDonald's Corporation Office Buildings and the Teboil Service Station. The firm has also designed a Pre-fab Single Family Housing System for Kannustalo Ltd and rammed earth schools built in collaboration with local citizens in Guinea. His firm represented Finland at the 2002 Venice Biennale in Architecture.

Daniel Pearl is a partner of L'O.E.U.F. (Office de l'eclectisme urbain et fonctionnel). A board member of the Canada Green Building Council, he has contributed to the greening of the architecture curriculum in Canadian universities and routinely involves renowned engineers in his teaching of green design at the University of Montreal. Recent buildings include MacDonald College's Ecoresidences at McGill University, the Saint-Ambroise Residences and the Maison sous les arbres, all of which received Awards of Excellence from the Quebec Order of Architects.

Stephen Teeple, FRAIC from Teeple Architects, received a 2002 Governor General's Medal for the College of Engineering and Physical Sciences at the University of Guelph and two Ontario Association of Architects Awards of Excellence for the Graduate House at the University of Toronto (in collaboration with Morphosis) and the Welcome Centre and Entrance Gate at York University. Current projects include the Portrait Gallery of Canada, the Scarborough Chinese and Baptist Church, the Academic Science Complex at Trent University and the Northern Ontario Medical School for Lakehead University.

Les juges

Christopher Macdonald, FRAIC est directeur de l'école d'architecture de l'Université de Colombie Britannique. Membre fondateur de la firme britannique Macdonald and Salter et professeur influent à l'école Architectural Association de Londres et à l'Université du Texas à Austin, M. Macdonald a été conservateur de l'exposition *Issues of Gravity, A Study in Collaboration*, qui présentait les réalisations de l'ingénieur en structures C.Y. Loh Associates Ltd. Il s'occuppe maintenant de *Cabin + Camp*, exposition et symposium sur le design résidentiel contemporain dans le paysage canadien. Au nombre de ses projets de design, on compte les Osaka Follies à Londres, le Thai Fish Restaurant à Tokyo et un projet de design urbain pour le concours IBA à Berlin. Ses travaux ont été publiés dans *Front.1: Building Projects by Macdonald and Salter* (Chronicle Books, 1993).

Brit Andresen est récipiendaire de la Médaille de l'Institut Royal des Architectes Australiens. Elle a étudié l'architecture en Norvège et enseigné à l'Université Cambridge, au Architectural Association et à l'Université de Californie, Los Angeles. Elle pratique à Brisbane, dans le Queensland, et elle a surtout construit des bâtiments en bois qui engagent un dialogue avec le paysage, en collaboration avec son associé, feu Peter O'Gorman. Au nombre de ces réalisations, on retrouve la maison de ferme Ocean View, la maison Roseberry, les maisons Moreton Bay et la maison de plage Mooloomba.

Markku Komonen est associé de la firme Finlandaise Heikkinen Komonen. Parmi leurs réalisations les plus récentes, on retrouve des espaces de bureau pour le Sénat finlandais, l'Institut Max Planck pour les recherches en génétique et en biologie cellulaire et moléculaire, la médiathèque Lume, les bureaux de la corporation McDonald et la station service Teboil. La firme a aussi produit un système d'habitations préfabriquées pour Kannustalo Ltd ainsi que des écoles en terre battue construites en collaboration avec les usagers, en Guinée. Sa firme a représenté la Finlande à la Biennale de Venise en Architecture, en 2002.

Daniel Pearl est partenaire associé de L'O.E.U.F. (Office de l'eclectisme urbain et fonctionnel) Membre du conseil d'administration du Conseil du bâtiment durable du Canada, il a contribué à l'écologisation du curriculum d'architecture dans les universités canadiennes. Il invite régulièrement des ingénieurs renommés dans le cadre de son enseignement de l'architecture durable à l'Université de Montréal. Ses bâtiments récents comprennent, entre autres, les Écorésidences du Collège MacDonald de l'Université McGill, les résidences Saint-Ambroise et la Maison sous les arbres, tous récipiendaires de Prix d'excellence de l'Ordre des architectes du Québec.

Stephen Teeple, FRAIC, de Teeple Architects, a reçu une médaille du Gouverneur Général en 2002 pour le Collège d'ingénierie et de sciences physiques de l'Université de Guelph et deux Médailles d'excellence de l'Association des architectes de l'Ontario pour les Résidences d'étudiants de deuxième cycle de l'Université de Toronto (en collaboration avec Morphosis) et pour le Centre d'accueil et le Portail d'entrée de l'Université York. Les projets en cours comprennent, entre autres, le Musée du portrait du Canada, l'Église chinoise et baptiste de Scarborough, le Complexe de sciences académiques de l'Université Trent et l'École médicale du nord de l'Ontario à l'Université Lakehead.

Acknowledgements / Remerciements

The Royal Architectural Institute of Canada wishes to thank the following people for their contribution to the success of the 2004 Governor General's Medals in Architecture.

L'institut royal d'architecture du Canada désire remercier les personnes ci-après pour leur contribution au succès des Médailles du Gouverneur général en architecture de 2004.

THE GOVERNOR GENERAL / LA GOUVERNEURE GÉNÉRALE

Her Excellency the Right Honourable Adrienne Clarkson, C.C., C.M.M., C.O.M., C.D., Governor General of Canada / **Son Excellence la très honorable Adrienne Clarkson**, C.C., C.M.M., C.O.M., C.D., Gouverneure générale du Canada

MEMBERS OF THE JURY / MEMBRES DU JURY

Christopher Macdonald, FRAIC, Chair / Président
Brit Andresen
Markku Komonen
Daniel Pearl
Stephen Teeple, FRAIC

THE ROYAL ARCHITECTURAL INSTITUTE OF CANADA / L'INSTITUT ROYAL D'ARCHITECTURE DU CANADA

Bonnie Maples, FRAIC, President / Présidente
Brian Sim, PP/FRAIC, Chancellor & Awards Chair / Chancellier et Président des prix
Chris Fillingham, FRAIC, 1st Vice-President / Vice-président
Jon Hobbs, MRAIC, Executive Director / Directeur général

Regional Directors / Directeurs régionaux
Yves Gosselin, MIRAC
Kiyoshi Matsuzaki, FRAIC
Vivian Manasc, FRAIC
Andrew Wach, MRAIC
Ranjit (Randy) K. Dhar, FRAIC
Paule Boutin, MIRAC
Edmond Koch, FRAIC

THE CANADA COUNCIL FOR THE ARTS / LE CONSEIL DES ARTS DU CANADA

Nalini Stewart, Acting Chair / Présidente par intérim
John Hobday, Director / Directeur
Carol J. Bream, Director, Endowments and Prizes / Directrice, Prix et dotations
François Lachapelle, Head, Visual Arts Section / Chef, Service des arts visuels
Brigitte Desrochers, Officer, Visual Arts Section / Agent, Service des arts visuels

Firms /
Les architectes

Busby + Associates Architects
1220 Homer Street
Vancouver, British Columbia
V6B 2Y5

Henriquez Partners Architects
402 West Pender Street
Vancouver, British Columbia
V6B 1T6

Kuwabara Payne McKenna Blumberg Architects
322 King Street West
Toronto, Ontario
M5V 1J2

Ian MacDonald Architect Inc.
80 Spadina Avenue, Suite 201
Toronto, Ontario
M5V 2J3

Patkau Architects Inc.
1564 West 6th Ave.
Vancouver, British Columbia
V6J 1R2

Shim-Sutcliffe Architects
441 Queen Street East
Toronto, Ontario
M5A 1T5

Other publications by Tuns Press

Saucier + Perrotte Architectes 1995-2002
ISBN 0-929112-46-6, 2004

Wood Design Awards 2003
ISBN 0-929112-50-4, 2003

Barry Johns Architects: Selected Projects 1984-1998
ISBN 0-929112-32-6, 2000

Brian MacKay-Lyons: Selected Projects 1986-1997
ISBN 0-929112-39-3, 1998

Works: The Architecture of A.J. Diamond, Donald Schmitt & Company, 1968-1995
ISBN 0-929112-31-8, 1996

Patkau Architects: Selected Projects 1983-1993
ISBN 0-929112-28-8, 1994

For additional information, please see our website at tunspress.dal.ca